네 우울의 이름을 알려줄게

곽소현

| 김나영 |

건강보험심사평가원 조사관리부 과장

최근 의료계는 일차 의료 중심의 의료전달체계 구축을 추진하고 있다. 가까운 동네의원에서 만성질환을 지속적으로 관리받을 수 있게 하는 것인데 그중 우리가 주목해야 할 우울증도 있다. 특히 코로나19로 인해 '코로나 블루' 라는 신조어가 생길 만큼 전 연령대에게 우울증 환자가 증가하였고, 그중 취업난과 인간관계에 지친 20대 청년을 고용절벽과 사회적 고립으로 몰아가 '노인의 병' 이라 불리던 우울증은 이제 '젊은이의 병' 으로 불리고 있다. 남 눈치 보여 가까운 동네의원 가는 것도 망설여진다면 이 책을 펼쳐보자. 책을 들여다보며 내 마음이 어떤 상태인지, 자연스레 심리처방전을 따라 하는 자신을 발견할 수 있을 것이다.

■ 추천사

| 박수현 |

갤러리내일 대표, 아트스페이스퀄리아 관장, 청소년미술협회 모던아트작가회 부회장

오늘날 복잡다단한 사회구조 안에서 개인이 겪는 마음의 병인 우울증을 관계적 시각으로 분석하고 있다. 영화, 그림, 책 등의 다양한 매체를 통해 각자가 겪는 힘듦을 통찰하고, 자신 안의 따뜻한 마음을 회복할 수 있는 가능성을 탐색하게 한다. 상담 현장에서의 오랜 경험과 지식을 아우르고 있어, 개인과 가족뿐 아니라, 소그룹 모임, 상담 현장에서 유용하게 활용될 것이다.

■추천사

| 김용미 |

경기대학교 유아교육과 교수, 〈쫓기며 자라는 아이들〉 역자

우울증의 종류와 다양한 증상의 여러 가지 사례를 담고 있다. 남과 다른 자신의 우울에 대한 심리학적인 법칙뿐 아니라, 가족과 관계적인 역동을 통해 우울의 취약성 및 극복을 위한 심리학적 해결책을 제시하고 있다. 저자는 '당신은 소중한 사람이고, 마음의 통증도 품어주면 가라앉는다' 는 점을 강조한다. 간단한 체크리스트를 통해 각자가 겪는 우울에 대한 정확한 이해를 돕고, 영화, 그림, 시 등의 인문학적 해석과 유용한 활용 팁을 제시하고 있다.

■추천사

| 임성관 |

경기대학교 교육대학원 교수, 휴독서치료연구소 고문

행복감은 힘든 상황을 이겨낸 사람들만 맛볼 수 있는 감정입니다. 그러니 나만 힘든 것이 아니라 모든 사람들에게 저마다의 슬픔과 고통이 있다는 생각을 하며, 어떤 시련이 오더라도 내게는 그것을 이겨낼 충분한 힘이 있다는 믿음을 갖고 당당히 맞서 보세요. 그래서 행복감이 특별함이 아닌 일상이 된 삶을 누리시기 바랍니다. 이 책이 그 여정의 길잡이가 되어줄 수 있을 테니, 아직 경로를 찾지 못한 분들은 읽어보실 것을 권합니다.

#서문

기분과 감정을 자기 마음대로 못하는 우울, 불안, 무기력 증세로 인해 힘들어하는 사람들이 부쩍 증가했다. 무기력한 가운데서도 직장에 나가고 자신의 역할을 해내는 것 같지만 하루하루를 버티며 힘겹게 살아가는 우리 모두의 이야기이기도 하다.

우울증은 개인은 물론 가족이나 친구, 주변 사람들도 함께 고통을 겪게 만든다. 우울증 관련 책은 많은데 막상 읽어보면 내가 겪는 우울과 너무 달라 답답하다는 말을 많이 듣는다. 우울증 종류에 따라 증상이 조금씩 다르고, 우울을 표현하는 각자의 방식도 다르기 때문이다. 가벼운 우울감에서 심한 우울증까지 변별력을 필요로 한다.

따라서 다양한 우울증 사례를 통해 우울증에 대한 이해를 간략하고 쉽게 전달하는 데 주안점을 두었다. 독자들은 우울증이 나만 겪는 것이 아닌 데서 오는 안도감과 함께, 자신이 겪는 우울증을 수용하고 가벼운 마음으로 자신을 알아가는 데 도움이 될 것이다.

건강보험심사평가원은 2020년 병원을 찾은 우울증 환자가 83만 7,808명으로 코로나 이전과 비교해 30% 증가한 것으로 보고했다(부산일보, 2022.05.02). 또한 보건복지부 자료에 의하면, 20~30대(24.3%, 22.6%) 우울 위험군이 50~60대(각각 13.5%)보다 1.5배 이상 높은 것으로 나타났다(NEWSIS, 2021.07.26).

이처럼 코로나 이후 우울증에 취약한 대상이 증가했다. 우울증으로 인한 우울감은 과민한 기분, 무기력증, 불면증, 숨쉬기 힘든 공황 증세, 감정 업다운, 분노조절의 어려움 등 다양한 증상을 보인다. 우울증이 심해지면, 예민과 짜증으로 인해 주변 사람들과 갈등이 잦게 된다.

스트레스와 압박을 못 이겨 결국 스스로 고립된 채 살아가기 때문에 지켜보는 사람 역시 힘들다. 주변 사람들은 우울증을 겪는 가족이나 친구들을 돕고 싶지만 방법을 몰라 안타까워한다. 이 책은 우울을 겪고 있는 개인은 물론 가족과 친구 같은 주변 사람들에게 도움을 주기 위해 썼다.

먼저 우울증으로 인해 단절되었던 일상의 회복이 되어야 한다. 따라서 사례에서 우울 증상을 감소시키기 위해 문제를 긍정적으로 보는 '재정의'와 바로 따라 할 수 있는 '행동수정 기법'을 제시하였다. 또한 우울증 원인에 해당하는 개인 기질뿐만 아니라, 가족관계, 직장생활 등 사회관계 요인을 심층적으로 들여다보았다. 대표적인 우울과 불안의 간단한 체크리스트를 직접 해보면 자신이 겪는 우울에 대한 객관화 작업이 가능할 것이다.

우울증에 취약한 예민한 기질은 스트레스에 민감하고, 걱정이 많다. 구직의 어려움으로 인한 생계형 우울처럼 경제적 이유로 우울증이 유발되기도 한다. 하지만 보편적으로 우울증인 사람들은 부정적이고 비관적인 특징을 보이며, 일에 대한 책임감과 완벽주의 성향으로 인한 탈진이 많다. 무엇보다 원인에 맞는 개입이 필요하다. 중증인 경우 극단적인 선택을 하지 않도록 투약과 함께 심리 상담 또는 가족 상담이 병행되어야 한다.

우울과 불안의 근원은 조금 다르지만, 서로에게 영향을 주며 동반 증상을 자주 보이는 점을 주목할 필요가 있다. 보통 우울이나 불안, 둘 중 하나가 우세하게 나타나는데, 이 둘이 합쳐지면 우울 증상은 더욱 심하게 나타난다.

우울의 동전양면인 불안은 늘 우리를 따라다닌다. 불안은 위험상황에 대처하도록 하는 점에서 조금 불편하게 할 뿐, 나쁜 게 아니다. 다만 완벽에 대한 강박으로 인한 불안과 우울감이 마음 깊숙이 침범하여 꼼짝 못 하게 할 때는 적정선에서 불안을 다독이는 것이 필요하다.

심리치료 전문가로 일한지 거의 25년이 되어간다. 상담 현장에서 우울, 불안, 무기력, 감정 조절의 어려움 등으로 인해 좌절감을 안고 찾아오는 분들과 가족들을 많이 만나왔다. 우울증으로 인해 일상과 사회적 관계가 거의 끊어져, 삶이 피폐해진 상태로 오면 안타까운 마음이 든다. 긴 시간 동안 겪었을 고통이 보이는 듯하다. 다행히 우울증을 느끼는 초기에 오면 상담 기간이 단축된다.

우울증은 조기 발견이 중요하며, 빠른 개입은 치료 효과가 크다.

우울증이 찾아오면 삶이 무의미해지고, 가족이 있어도 세상에 혼자 남겨진 듯한 소외감을 느낀다. 하지만 우울증은 싸워 이길 대상이 아니고 떨쳐버릴 대상도 아니며, 품고 다독일 존재이다. 우울 증상은 잃어버렸던 자신에게도 돌아가기 위한 무의식적 갈망이며, 지친 마음을 보듬기 위한 일종의 보호장치이다.

쉬지 않고 달려왔다면 삶을 잠시 멈추게 하는 정거장과 같은 것이다. 그런 점에서 우울증이 생겼다고 자책하거나 세상을 원망하기보다는 자신을 보듬는 계기로 삼는 것이 중요하다.

우울증 치료가 어려운 이유는 부정적인 사고로 인해 뇌 구조가 바뀌어 있기 때문이다. 상처 난 마음의 무의식은 계속 부정적인 생각과 행동을 하게 만든다. 시간이 날 때마다 비합리적인 신념과 억압했던 감정에 대한 '알아차림'을 확립해야 한다. 스스로에게 긍정적인 말을 자주 해주고, 주변 사람을 의지하되 의존하지 않는 것과 같은 작은 실천을 통해 삶을 새롭게 해야 한다.

우울증 극복은 '나를 있는 그대로' 긍정하는 데서 시작한다. 책에 소개한 다양한 우울증 사례에 대한 심리학적 근거와 인문학적인 해석을 통해 자신을 알아가는 계기가 되기를 바란다. 또한 우울증과 불안 체크리스트를 직접 해보고 내가 겪는 우울과 어떻게 다른지 알아보자.

각 장이 끝날 때마다 '마음을 품어주는 심리처방전'을 제시하였다. 혼자 스스로, 혹은 가족과 함께 매일 조금씩 따라 하다 보면 우울증을 극복하고 스스로를 치유하는 첫걸음이 될 것이다.

'확실해요!
당신은 소중한 사람입니다.'

곽소현

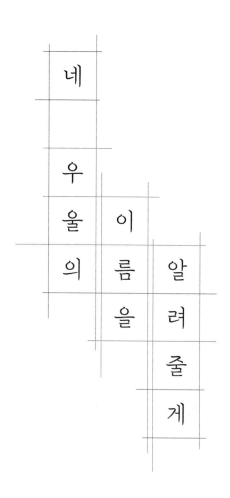

Cotents

1장 ────────────────────────
내가 겪는 우울, 왜 남들과 다를까

2장
우울의 다른 이름, 불안은 동전양면이다

3장
나도 모르는 사이, 찾아온 우울

4장

우울을 벗어나기 위한 관계개선법

5장

우울을 극복하기 위한 마음 안아주기

확실해요!
당신은 소중한 사람입니다

1장

내가 겪는 우울, 왜 남들과 다를까

1장

내가 겪는 우울, 왜 남들과 다를까

1. 할 일이 있는데 손에 안 잡혀요_주요 우울 장애

"선생님 제가 요즘 잠을 제대로 못 자서 힘들어요", "기운이
없어요" 혹은 "아무것도 하기 싫고 무기력해요", "이유 없이
눈물이 자꾸 나와요", "슬퍼요", "입맛도 없고 침대에 누워있
기만 해요"라는 식으로 말한다.

그냥 힘들 뿐, 우울증은 아니라고요

우울증을 앓고 있는 사람들이 보통 상담실에 와서 호소하는 말
이다.
"힘들어 보이네요"라고 말을 건네면
"아니요. 괜찮아요. 잠만 제대로 자면 살 것 같아요"라고 말한다.
잠 때문에 힘들기는 하지만 우울증은 아니라고 '부인(denial)'하는

것이다. '잠' 하나로 우울증을 의심할 수는 없지만, 우울증을 확인하는데 꼭 하는 질문이 '수면의 질'이다.

우울증으로 잠을 못 자는 사람들의 특징은 잠이 안 와 휴대폰을 뒤적이거나 TV를 밤늦게까지 그냥 틀어놓고, 혹은 유튜브 몇 개를 계속 돌려보기도 한다. 전자파와 빛이 계속 노출되어 생체시계가 낮이라고 착각해 수면의 질이 더 나빠진다. 잠이 안 오면 억지로라도 불을 끄고 눈을 감는 행동수정을 통해 잠을 못 자는 악순환을 막아야 한다.

일반적으로 사람들은 마음의 병이 있다는 것을 부인하는 것과 함께 힘든 무의식의 감정을 잘 느끼지 못하는 '억압(repression)'이 일어난다. 보통 잠을 못 잔다거나 두통 때문에 괴롭다는 식으로 표현한다. 우울한 마음을 몸으로 푸는 신체화 증상이다.

해야 할 일이 있지만, 손에 안 잡히고, 무엇을 해야 하는지 잊기도 한다. 사람들은 "요즘 우울증 때문에 힘들어요"라고 말하지 않는다.

요즘 누가 우울을 숨길까, 우울은 감기라면서, 라고 생각할 수도 있다. 그럼에도 불구하고 '우울증은 정신병'이라는 인식 때문에 아직까지도 터놓고 잘 얘기하지 않는 사람이 있다. 우울증에 취약한 기질도 있으나, 만성통증, 갑상선 질환, 암, 당뇨병 등과 같은 신체적 질환, 가족, 사회적 관계, 경제적 문제 때문에 생기기도 한다. 말하자면, 임신이나 출산 우울증과 같은 경우도 기질보다는 상황적 요인으로 설명될 수 있다.

우울증 진단과 유사질병과의 차이

■개념

주요 우울 장애는 증상이 2주 이상 지속되고, 심각한 고통을 느끼며, 학업이나 직장, 집안일에 집중하지 못하고 일을 제대로 못한다. 심지어는 집중을 못 하고 산만한 것 같아 혹시 주의력 결핍 과잉 행동 장애(ADHD)냐고 묻는 내담자들도 있다.

일상생활은 어느 정도 가능하기 때문에 우울증은 아니지만, 답답해서 밖에 나가면, 집이 생각나고, 친구를 만나면 못 만난 다른 친구를 생각하고, 현재에 안주를 못 하는 사람들도 있다. 마음이 딴 데로 자꾸 이동하고, 허공에 있는 것처럼 멍하다고 호소하기도 한다. 외로움, 공허감, 불안함의 감정들은 현재에 집중하지 못하게 만드는데, 처리하지 못한 부정적 감정들로 인해 산만해지는 것이다.

집중이 안 되고 잘 잊어버려도 ADHD라기보다는 우울증 때문이다. 우울증 진단을 받은 대학생 중에는 자격시험이나 학점 이수를 제때 못해 명문대에 다니면서도 머리가 나빠진 것 같다고 말하기도 한다.

우울증과 '주의력 결핍 과잉 행동 장애(ADHD)'의 경우 동반 증상으로 나타나기도 해서 전문가의 감별이 필요하다. ADHD는 어릴 때 기질적으로 발병하는 경우가 많으며, 입시 낙방이나 이혼,

가족의 죽음, 암 발병과 같은 갑작스러운 스트레스 상황에서 우울 증상이 나타나기 쉽다.

실제로 부모가 갑자기 이혼하고 나서 아이들이 공부에 집중을 못 하고 산만 증세가 심해져 상담실에 데려오기도 한다. 우울증인지 ADHD인지 두 가지 진단을 놓고 고민할 때 가족 상황은 중요한 변인이 되며, 우울증으로 최종 진단하는 경우가 많다. 우울증 상태에서 처음에는 진짜 자기감정을 대면하는 것을 어려워한다. 슬프거나 화가 나는 데도 갑작스러운 감정 변화가 두려워 미소를 짓는 경우를 예로 들 수 있다.

이 외에도 갑상선 계열의 질병이나 뇌의 질병으로 인해 우울 증세를 보이기도 한다. 뇌나 기질과 같은 생물학적 문제인지 알아보기 위해 뇌파, MRI, PET 사진 같은 것을 찍어보는 것도 필요하다.

우울증인지 객관적인 확인을 받고 싶다면 상담실이나 정신건강의학과에 찾아가서 '풀 배터리(full battery)' 심리 검사[지능 검사, 다면적 인성 검사(MMPI), 벡(Beck)우울 검사, 문장 완성 검사(SCT), '집, 나무, 사람(HTP)' 그림 검사, 로샤 검사 등]를 받거나, 최소한의 주요 검사인 '코어 배터리(core battery)' 심리 검사[MMPI, SCT]를 해보는 것이 좋다. 검사 소요 시간과 경제적인 여건에 따라 둘 중 하나를 권유하게 된다.

평가 초기에 심리 전문가의 관찰과 면담, 심리 검사, 가족 치료사의 가족 체계를 보는 다각적인 면을 통해 최종 우울증을 진단한다.

무엇보다 기질, 사회적 관계, 몸의 질병 등, 포괄적인 원인과 정확한 진단에 따라 치료를 하는 것이 중요하다.

국내에서 우울증으로 고생하는 사람이 늘고 있지만 적극적으로 치료를 받는 사람은 드물다.

국립중앙의료원에 따르면, 2020년 자해·자살로 응급실에 내원한 환자는 3.9%로 대부분의 연령층이 전년도에 비해 감소했지만, 유일하게 20대에서 14.6% 증가했다(데일리안, 2021.10.15).

코로나 이후 무기력감이나 우울증을 호소하며 상담실을 찾는 사람들이 증가하고 있다. 평소에는 친구를 만나거나 직장 동료와 회식을 하며 풀기도 하지만, 코로나 시국에서 대인관계 단절로 인해 고통을 호소하는 사람이 많았다.

초롱 씨 역시 늦게 일어나고 기운이 없어 식사도 거를 때가 종종 있다. 직장도 다니기는 하는데 긴장하며 일하다 보면 우울할 때가 많다. 저녁때가 되어서야 기분이 조금 나아진다. 주변 사람 이름이 생각나지 않아 핸드폰 카톡방 전체를 훑어보고 찾아낼 때는 '내가 요즘 왜 이러지? 바보가 된 것 같다'며 호소했다.

라면 끓인다고 물을 얹어 놓고 잊어버리기 일쑤고 마트 계산대에 물건을 맡겨놓고 찾으러 갔다가 몇 번 줄인 지 기억이 나지 않아 한참 헤매기도 한다.

우울증에 걸리면 집중력이 떨어진다. 행간의 말을 잘못 이해하여 오해를 빚기도 한다. 누구나 한 번씩 겪을 수 있는 일이지만 정신줄을 놓는 일이 자주 일어난다면 한 번쯤 우울증을 의심해 볼 수 있다. 처음에는 우울감 정도로 지나칠 수 있지만, 방치하면 악화될 수 있으므로 시기를 놓치지 말고 적절한 치료를 받아야 한다.

[심리 TIP]

숙면만 취해도 우울증은 감소된다. 침대의 매트리스를 바꾸는 것, 잘 때 안대와 커튼으로 빛을 차단하는 등, 숙면의 환경으로 바꾸어준다. 대신 낮에는 커튼을 걷어올려, 생체 시계가 낮과 밤을 구분할 수 있게 해줘야 한다.

2. 분명히 어제는 행복했는데 오늘은_양극성 장애

경민 씨는 "기분이 엄청 좋다가 갑자기 다운되는 일이 반복되다가 갑자기 죽고 싶어질 때도 있어요. 심지어 음악회가 시작되려고 하는데 갑자기 가파른 3층 난간 앞에서 공중 아래로 뛰어내리고 싶은 충동을 느꼈어요. 옆에 사람들도 있고 강렬한 음악 서곡이 흘러나오는데 눈물이 왈칵, 감정이 흥분되는데 슬펐다는 것이다. 자다가도 괜히 슬퍼져 눈물이 줄줄 흐르고, 막상 사람들과 있을 때는 웃고 떠들고 대화를 주도하고 자신감이 있다고 한다. 그러다가 별다른 일이 없어도 갑자기 외롭고, 슬프고, 퇴근하고 집에만 오면 갑자기 우울해지고 눈물이 뚝뚝 떨어져서 미칠 것 같다"며 하소연했다.

조증과 울증이 '왔다 갔다' 반복한다

경민 씨처럼 감정 기복이 심해 극단적인 행동을 하는 단계까지 가면 양극성 장애를 의심해 봐야 한다. 조울병 혹은 조울증이라고도 하는데, 감정 기복이 심한 게 특징이다. 흥분된 분위기나 충동성이 발동할 때, 자신도 모르게 고층 빌딩과 같은 위험한 장소로 가기 때문에 나는 상담실에서 '위험한 장소에 가지 않기', 혼자 통제가 안 될 것 같으면 가족이나 친구와 '동행 요청하기'

와 같은 과제를 내준다. 또한 퇴근해서 혼자 있는 시간에 우울감이 밀려오기 때문에 힘든 하루를 보상해줄 수 있는 무언가를 찾아보는 것도 필요하다.

■개념

양극성 장애는 조증 상태와 울증 상태가 번갈아 나타난다. 기분이 들떠서 기운이 넘쳐 하루 2-3시간밖에 자지 않고 일주일씩 밤샘하거나 음식을 적게 먹으면서도 행복해한다. 아이디어가 끊임없이 솟아나고 말도 빨라진다. 이때 특별한 능력이나 권력에 대한 망상이나 환각 상태를 경험하기도 한다. 울증 상태는 가벼운 우울감에서 심한 우울증까지 정도가 다양하다.

조증 상태에서 뭔가 충동적인 일을 많이 벌이고 후회한다. 난잡한 섹스, 무분별한 고액의 주식투자나 부동산 투기 등 다양하다. 조증 상태에서의 위험한 행동은 내면의 슬픔, 분노와 같은 부정적 감정뿐 아니라 행복과 기쁨의 긍정적 감정 상태에서도 팽창된 감정을 주체 못해 충동성이 생긴다는 점이다. 충동적 감정 조절을 위해 매일 규칙적으로 유산소 운동을 30분이라도 하는 것이 좋다.

심한 조증 상태에서 자해나 고함, 소동이 잦는 등 충동적이거나 극단적인 행동이 예상되면 병원에 입원시키는 것을 고려해야한다. 입원하는 과정에서 거부하거나 분노를 폭발하는 경우가 많고, 퇴원 후에도 한동안 가족을 원망하기도 한다. 폐쇄병동에 갇힌 것에 대한 분노와 적개심이 있기 때문이다.

울증 상태만큼이나 조증 상태 역시 위험하고 파괴적이라는 것을 간과해서는 안 된다. 종종 상황에 맞지 않는 충동적 행동이나 사고가 일어난다면 그런 자신의 특성을 미리 알고 조절하도록 약을 먹는 것이 필요하며, 숨기기보다는 주변의 도움을 받아야 한다.

실제로 양극성 장애의 경우 조증 상태가 심하면 며칠씩 잠을 안 자거나 매우 충동적인 행동으로 생명을 위협하는 일이 발생할 수 있어 위기 개입이 필요한 상황들이 많다. 일상생활이 가능한 사람들의 경우 경조증 상태의 사고의 비약과 창의적인 활동의 성취에서 오는 기쁨으로 인해 조증 상태가 지속되기를 바라기도 한다. 하지만 울증 상태가 되면, 우울이 엄습하면서 공포감을 느낀다.

때로는 목표 지향적 활동에 매달리거나 고통스러운 결과를 초래할 만한 쾌락적 활동에 몰두하기도 한다. 이 경우 병원에 가면 양극성 장애라는 진단을 받는 경우가 많다. 분명 어제는 행복했는데, 오늘 작은 일 하나 때문에 수렁으로 내몰린 기분이 들고, 감정을 날것 그대로 드러내어 흥분하다가 순간 먼지처럼 사라지고 싶은 우울감으로 인해 혼란스러워한다.

경조증 상태에서 기분의 변화를 즐기고, 여행 패키지 광고에 홀려 무작정 섬 같은 오지에 혼자 여행을 떠나 사라졌다 오는 일도 있다. 말을 안 하고 사라져 가족들이 애를 태우기도 한다.

조증 상태에서 한 행동으로 가족에게 죄책감을 느끼면서도 그 정도 자유도 못 주냐며 당당해한다. 최소한 가는 장소와 기간을 가족에게 알리는 것이 중요하다. 경조증 상태라도 울증 상태의 변화 과정에서 자신도 모르게 위험에 처할 수도 있기 때문이다.

꼭 조울증이 아니더라도 대부분의 사람들은 늘 긴장의 연속과 판에 박힌 생각, 올바름으로 무장하며 살아간다. 거기에서 자유로워지려면, 모든 게 잘 되어갈 때의 '들뜬 기분'과 모든 게 뒤죽박죽인 듯한 '가라앉은 기분'의 교차지점의 폭을 좁혀가며 살아가는 것이 필요하다. 병적인 정도는 아니지만, 누구나 약간의 조증 상태에서는 뭐든 다할 것 같아, 주말에 필라테스 같은 운동이나 영화예매를 한꺼번에 하겠다고 무리한 스케줄을 잡았다가 울증이 와서 당일이 되면 취소를 한다. 멍하니 잠만 자다가 암막커튼을 바라보며 세상이 다 끝난 듯 무기력한 모습으로 한숨을 푹푹 쉬고 있으면, 바라보는 가족도 답답해한다.

양극성 장애를 진단받는 사람들 중에는 초기에 우울증으로 진단받았다가 조울증으로 다시 진단받는 경우도 있다. 그만큼 전문가들도 변별이 어렵다는 것을 말해준다. 기분의 업다운이 있더라도 사회, 가정생활에서 큰 지장이 없다면 괜찮다. 스스로 조증과 울증 상태를 인식하고 잘 다루고 있는 것이다. 하지만 조절이 안되는 상황이 자주 발생한다면 위험하다.

보통 극심한 무기력과 극도로 흥분된 상태가 교대로 일어난다. 흥분 상태에서는 주변 사람을 웃겨주겠다고 광란의 몸짓과 흥겨운

행동을 하다가도, 갑자기 구석 자리에 처박혀 우울한 표정을 짓는다. 며칠씩 밥을 먹지 않아 가족들에게 걱정을 끼치기도 하고, 매우 피곤해하며 말하기도 귀찮아하고 창백해진 모습이 되기도 한다.

 하지만 정작 본인은 문제의식이 없는 경우가 많기 때문에 자신이 앓고 있는 병에 대한 인식을 시켜주는 것이 중요하다. 가족들의 얘기를 잔소리로 듣거나 자신을 거부하는 것으로 받아들일 수 있다. 특히 엄격한 가정 안에서 통제받는 것에서 오는 트라우마로 인해 양극성 장애가 생긴 경우에는 한 인격체로서 존중해주는 것이 필요하다.

 양극성 장애로 인한 돌발행동은 종종 주변 사람들을 힘들게 한다. 흡연, 술, 이성, 학업, 직장 등의 문제로 사소하게 부딪히다가 갈등상태에서 감정의 고조와 충동 조절 문제가 발생한다. 심하면 가족은 물론 자기 자신도 해칠 수 있는 상황이 발생한다.

 '집에서는 절대 흡연을 해서는 안 된다'라는 가족 규칙이 있지만, 딸이 양극성 장애로 입원과 퇴원을 반복하자, 재떨이를 방에 살며시 갖다 놓아주는 부모들의 심정이 이해가 된다.

 무엇보다 돌발행동에 대한 예측이 중요하다. 중요한 결정에 실수가 잦거나 충동적 행동을 자신도 모르게 한다면, 평소에 어떤 상황에서 충동성이 나오는지 물어봐야 한다. 혼자 밖에 나갔을 때 사고가 자주 발생한다면 스스로 그 사실을 인정하고, '가족들이 함께 따라나설 때 거부하지 않기', 등과 같은 약속을 가족들과 해놓는 것이 필요하다.

또한 조증 상태에서 보였던 성취나 결과물을 항상 기대하는 것은 무리다. 울증 상태에서 가족들은 답답한 마음에 '밖에도 나가고 뭐라도 하라'고 쉽게 말하지만, 본인은 행동으로 옮기지 못하는 데서 오는 자책이 있다. 조증과 울증 상태를 지각하기 위해 달력에 표시해두는 것도 방법이고, 가족들은 가까이에서 지켜봐주는 인내심이 필요하다.

평소에 팽창된 자신감으로 잠을 자지 않는 날이 많아지면 건강을 해친다. 불면증에 시달리는 날에는 커피나 콜라 같은 카페인을 줄이고, 잠이 오지 않는 날에도 일단 침대에 누워 잠을 청하는 것이 좋다. 아침에 일찍 일어날 필요가 없더라도 알람을 해놓고, 기상 시간을 일상적으로 돌려놓는 습관이 필요하다.

[심리 TIP]
나의 상태를 스스로 인지하는 것이 중요하다. 조증일 때는 브레이크를, 울증일 때는 액셀레이터를 밟으라. 조증이 올라올 때 몰입해서 일을 많이 해놓고, 기분이 내려갈 때는 잠시 쉬며 균형을 맞추는 것도 방법이다.

3. 사는 게 즐겁지 않아요_멜랑콜리아 우울증

은진 씨가 그랬다. 심한 식욕부진으로 체중이 급격히 감소했다. 이른 새벽에 눈이 떠지고 다시 잠들기 어렵다는 호소를 많이 해서 가족들의 잠을 깨운다. 병원에서 자율신경계와 내분비의 이상이라고 진단을 받았다. 남자친구를 사귄 지 몇 년 됐는데 아무런 감정이 없다. 원래 잠도 잘 못 자고 몸은 비쩍 말라가고, 남자친구와 만나 즐겁게 꼭 해줘야 하나, 나도 힘든데… 핸드폰 따로 하고 밥 먹고 좀 놀다 집에 온다. 남자친구는 사랑이 식었나 오해도 하고 권태기냐며 따지는 것 때문에 여러 번 다투기도 하지만 남자친구에 대한 사랑이 식은 것은 아니다.

우리나라에 유독 많은 멜랑콜리아 우울증

■개념
멜랑콜리아 우울증의 특징은 거의 모든 활동에서 즐거움을 상실하고 자극에 대한 반응이 거의 없다. 아침에 일찍 깨거나 초조해하고, 식욕도 없어지며, 부적절한 죄책감을 갖는다. 식욕부진으로 몸이 마르고, 아침에 더 예민해지는 아침형 우울증이다.

사랑에 싫증이 나는 권태기와 다르게 우울증은 염세주의와 무기력이 특징적으로 나타난다. 삼성서울병원 등, 전홍진·홍진표 교수팀은 연구를 통해 아시아 민족에서 '멜랑콜리아 우울증 (major depression with melancholic features)'을 보이거나 충동·분노감을 나타내는 경우 일반 우울증보다 자살 위험이 각각 2배 증가한다는 사실을 밝혀냈다. 특히 한국인은 우울증 중에서 '멜랑콜리아형'의 비율이 42.6%로 다른 민족보다 1.4배 이상 높았다(전홍진·홍진표 교수팀, 2013).

연구팀은 사계절의 변동이 큰 지역에 거주하는 경우 멜랑콜리아 우울증이 더 많이 생기는 것으로 제언했다. 차후 연구가 더 필요하겠지만, 압축적 근대화를 이룬 우리나라의 특성과도 무관하지 않을 것 같다. '빨리 빨리'를 외치며 쉬지 않고 달려온 것에 대한 후유증일 수 있다는 사회심리학적인 해석도 가능하다.

단순한 권태나 교감 부족이 아니라 무기력이 심해서 나타나는 무반응이다. 일반사람들이 오래 만나면서 관심이 적어지는 권태기와는 다른 것이다. 거의 반응할 힘도 없는 단조로운 감정반응이나 헛헛함을 호소하고, 뭘 해도 즐겁지 않고, 사는 재미를 못 느끼는데, 식욕조차 없을 정도니 본인은 무척 괴로운 것이다.

옆에서 지켜보는 가족들은 답답하고 막막할 따름이다. 단순한 대화기술 부족이 아닌, 낯빛이 어둡고 이상하다면 멜랑콜리아 우울증으로 인한 무감각한 반응을 보이고 있는 것은 아닌지 의심해 보는 것이 좋다.

"대답이 왜 그리 시큰둥할까?"

부부 사이에 이것 때문에 많이 싸운다. 평소 무뚝뚝한 성격이거나 기분이 안 좋은 일이 있어서가 아닌 병적인 시큰둥이 있을수 있다. 권태와 지루함처럼 보일 수도 있지만 기쁨이나 행복과같은 감정이 전혀 느껴지지 않는 것이다. 심지어 자녀가 상장을타오거나 남편이 진급을 해도 무반응을 보여서 섭섭해한다. 가족으로서 당연히 보여야 할 반응이 없음으로 인한 분노로 반응하는 경우도 허다하다.

멜랑콜리아 우울증을 겪는 사람 중에는 새벽에 잠을 못 자니술을 마시고 잠을 청하면서 알콜의존이 되기도 한다. 가족이 시비를 건다고 생각해서 분노 폭발을 하는 일이 잦아진다면 우울증으로 인한 알콜 의존으로 발전했을 가능성이 있으니 반드시전문가의 도움을 받아야 한다. 분노를 감당 못해 충동적으로 상해를 입히거나 자해를 하는 일도 있기 때문이다.

가족이나 친구들은 평소에 권태와 감정의 무반응을 하는 상대방을 비난하기보다는 '마음의 병이니 어쩌겠어'라고 받아들이는자세가 꼭 필요하다.

그리고 기분이 조금 좋을 때 친밀한 반응을 유도하는 것이 좋다. 일종의 행동수정 기법이다.

"어… 오늘 눈빛이 유난히 부드러운걸!"

"그래? 똑같은데…"

뭐 이런 식으로 섬세하게 자극과 반응을 유도하는 것이 도움이 된다.

극도의 자극이 우울에서 벗어나게 하나

권태나 지루함을 대하는 태도는 사람마다 조금씩 다르다. 캐나다 온타리오주 워털루대학에서 권태감을 연구하는 제임스 댄커트는 "권태감은 누구에게나 있지만 대처를 잘하는 사람과 못하는 사람이 있다"고 말한다.

2014년 버지니아 대학의 사회심리학자들이 권태를 알아보기 위한 실험을 진행했다. 실험 과정에서 참가자들을 15분 동안 홀로 방안에 남겨두자, 많은 이들(여성의 25%, 남성의 67%)이 지루함을 이기기 위해 자신에게 전기 자극을 가했다. 심지어 거의 200차례 이상 자신에게 전기 자극을 준 사람도 있다고 한다.

멜랑콜리아 우울증의 특징인 무기력과 권태는 단순히 '사는 게 재미없는 것'이 아닌 '외부와의 소통 부재'로 인한 소외의 고통을 잘 보여주는 연구결과로 볼 수 있다. 그러니 자극을 높인다고 해결될 문제는 아니다.

'반드시… 해야 한다'는 생각만 바꾸어도 우울증 감소에 효과가 있다. 인지행동 심리학자인 엘리스(Albert Ellis)가 만든 '논박'으로, 비합리적인 사고/정서/행동을 직면하는 기법이다.

"인생이 꼭 재미있어야 하나요?"(철학적 논박)

병적 권태감이 아니더라도 누구에게나 어느 정도의 권태감이 올 수도 있다는 사실을 인정하는 것이 필요하다. 우리는 병적 권태와 일반적인 권태의 경계선에 살고 있다.

멜랑콜리아 우울증은 기본적으로 생물학적인 원인으로 발생한다는 것이 의학계의 정설이다. 하지만 거기에 환경적인 부분이 합세해서 증상을 심화시킨다. 냉소적인 부모의 태도, 애인과의 갈등도 있겠지만, 일의 압박감을 빼놓을 수는 없다.

경쟁과 성취를 부추기는 자본주의 사회에서 한 번도 낙오하지 않거나 실패감을 맛보지 않고 사는 게 더 이상한 것일 수도 있다. 억압은 우울증을 권하는 사회를 낳는다.

워터파크에 가면 파도 풀장이 있다. 지루할 틈도 없이 몰아치는 파도에 사람들은 몸을 맡기며 재밌어한다. 하지만 계속 파도를 맞다 보면 금방 지치게 된다. 그럴 때 사람들은 잔잔한 풀장으로 가서 튜브를 타고 쉰다.

[심리 TIP]
멜랑콜리아 우울증은 반드시 투약과 함께 심리 상담을 꾸준히 받는 것이 중요하다. 사는 게 재미없다고 알콜이나 어떤 극도의 자극을 추구하기보다는 반대로 조금 천천히, 그리고 평범한 것에서 기쁨을 누리는 법을 배우는 것이 필요하다.

4. 계절이 바뀔 때마다 기분이 달라져요_계절성 우울증

희선 씨는 가을을 많이 탄다. 겨울이 되면 더 심해져 하염없이 눈물이 나고 바람이 불면 쓸쓸해서 견딜 수가 없다. 벌써 이런 지가 오래되었다. 계절 탓일까? 연애도 여름쯤 시작했다가 겨울에 헤어지는 일이 반복된다며 겨울만 되면 고통스럽다고 했다.

마음이 휑한 가을, 고통스러운 겨울이 또 왔다

■개념

계절성 우울증은 무기력이 특징적이며, 봄과 여름에는 그런대로 괜찮다가도 가을, 겨울에 무기력증이 심해지는 게 특징적이다. 떡볶이나 초콜릿 등 먹는 것으로 스트레스를 푼다. 수면의 질을 관장하는 뇌 호르몬 멜라토닌의 부족으로 잠이 많이 늘어난다. 일조량이 적어지는 시기에 멜라토닌과 세로토닌의 신경전달물질의 부족으로 인해 생긴다. 유난히 겨울이 가까워져 오면 퇴근해서 잠만 자는 경우도 빈번하다.

희선 씨의 경우처럼 무기력이 심한 경우 데이트도 귀찮고 전화가 와도 맨숭맨숭하게 받게 된다. 사귀고 싶은 마음이 없지는 않아도 자신을 제대로 보여줄 에너지가 부족해 관계를 잘 진전시키지 못한다. 계절성 우울증을 겪고 있다면, 겨울에 헤어지기보다는 봄이 가까워질 때 결정하라는 조언을 한다. 오랫동안 대화 상대도 없이 외로워하다가 겨우 사람을 만났는데 작은 끈마저 끊어버리고 힘들어하는 것을 많이 봐왔기 때문이다.

그러니 조금 생기가 올라오는 봄에 다시 시도해 보고 나서 관계를 정리해도 늦지 않다고 조언하는 것이다. 다른 우울증과 쉽게 구별하는 법은, 계절이 변화할 때마다 울적해지고 힘들다는 것이다. 겨울이 될 때 가장 심하지만, 사람에 따라 꼭 어느 계절에 국한하지 않는 경우도 많다.

우울 증세가 심해지는 가을에 우울증 약을 먹기 시작해서 겨울까지 먹고, 봄 즈음에 약을 조절해나가는 것도 권유하는 방법 중의 하나다. 무엇보다 기분이 가라앉는 그 시기에는 운동, 연애, 공부, 무엇이든 새로운 일을 시작하거나 끝맺는 것은 좋지 않다.

계절 탓에 평소에 좋아하는 것에 싫증 내며 변덕을 부리기도 하고 침대에 누워있는 시간이 길어진다는 호소를 많이 한다. 아침, 점심도 안 먹고 쭈욱 자는 무기력증이 발생하고 빵이나 떡볶이, 라면 같은 탄수화물 음식에 집착을 보인다. 유독 겨울에 살이 잘 찐다면 계절성 우울증의 전조증상일 가능성이 있다.

평소에는 엄마 얘기를 잘 들어주는 사람인데도 우울한 얘기는 절대 자기에게 하지 말라고 화를 내기도 한다.

"에잇, 제발 그만 해요. 내가 왜 엄마 말을 만날 들어줘야 돼요?" 소리를 버럭 지른다.

"얘가 왜 이래 너 요즘 무슨 일 있니?"

퇴근하고 엄마 말을 곧잘 들어주던 딸이 갑자기 화를 내니 엄마는 당황스러울 수밖에 없다.

특히 주말에는 방구석을 차지하고 있냐며, 엄마로부터 한소리 듣기도 한다.

"주말에 집에만 있지 말고… 어디 갈 데도 없어?"

직장에는 어쩔 수 없이 나가지만 주말에는 잠에 빠져, 우울감을 잊으려 하는 필사적인 몸부림인 것을 엄마는 모르는 것이다. 마치 겨울잠을 자듯 자신의 어두운 마음에 침잠하는 본인 입장에서는 끝나지 않을 것 같은 고통이다. 어두운 계절에 자신을 투사해서 칼바람과 추운 날씨를 싫어하는 게 보통이다.

'그 계절이 오면 올 것이 왔구나!' 생각하고 당장 우울감이 밀려오지 않더라도 햇볕을 쬐는 광선요법이 효과가 있으므로, 아침에 30분 정도 햇볕에 몸을 노출시켜 보자.

계절이 바뀔 때, '나-전달법'을 많이 쓰자

그런데 일조량이 감소하는 겨울에 증가하는 계절성 우울증이지만 그 시기에는 오히려 자살률이 높지 않다. 얼음 나라인 그린

란드에서 자살률이 높은 것으로 잘 알려져 있다. 하지만 월별 자살률은 겨울이 아닌 봄과 여름에 증가한다. 우리나라의 경우도 2019년 기준, 월별 자살률은 5월(1,274명, 9.2%)이 가장 높았다 (자살예방백서, 2021).

계절성 우울증을 앓으면 겨울을 잘 나고, 예상과 달리 일조량이 증가하는 봄이나 여름에 자살하는 경향이 있으므로 주변 사람들이 신경을 써야 한다. 무기력이 극심한 상태에서는 자살할 힘조차 없다. 에너지가 조금 생길 때 주의해야 하는 이유이다.

계절의 분위기에 따라 기분이 좌우되는 계절성 우울증은 마치 다이나믹 듀오·박정현의 노래 '싱숭생숭'의 가사처럼 다른 사람들은 아무 일이 없는 것 같은데, 혼자만 내쳐진 듯 외톨이가 된 기분으로 상대적 결핍감에서 오는 우울감을 더 크게 느낄 수 있다.

'크리스마스에 연말에 다들 들떠있는데
약속도 없이 외롭고 붕 뜬 기분
탁자 위에 오래된 빵은 퍽퍽해
친구는 하루를 자랑하기 바쁘네
대낮부터 날 안아준
얄미운 이불 롤케이크 같애
작은 방안은 답답해'

무엇보다 겨울이 다가오면 신경 써서 환경을 쾌적하고 밝게 하는 것이 좋다. 집안의 조명을 높이고, 커튼도 밝은색으로 바꾸고, 실내에서 할 수 있는 스트레칭이라도 하는 행동요법이 필요하다.

계절이 바뀔 때는 사소한 말에도 예민해진다. 서로를 보듬는 대화 기법을 쓰면 좋다.

"그냥 물어본 건데, 웬 짜증이야?"

라고 상대방이 '너-전달법(you-message)'으로 비난할 수 있다.

이때 함께 비난하지 않는 것이 중요하다.

"따지는 것처럼 느껴져 무서웠어."

이처럼 자신의 감정에 초점을 맞추는 '나-전달법(I-message)'은 성숙한 사람들이 많이 쓰는 대화법이다. '너의 행동'에서 '나의 감정'에 초점을 두기 때문에 갈등이 줄어든다.

[심리 TIP]

햇볕이 따사로운 날의 산책만큼 계절성 우울증에 좋은 게 없다. 매니큐어도 밝은색을 칠해보고 옷도 검은색보다는 밝은색을 입으면, 뇌는 봄이 온 줄로 착각한다. 사람을 만날 때는 서로를 보듬는 '나-전달법' 대화 기법을 더 많이 쓰자.

5. 나쁜 기억을 붙들고 살고 있어요_만성 우울증

엄마가 '꼭 1등을 해야만 한다'고 집착을 보여 힘든 어린 시절을 보낸 세미 씨는 늘 자신이 우선순위에서 밀리는 것에 대해 민감하다. 2등을 해도 싸늘한 시선으로 보던 엄마의 시선이 지금도 싫다. 회사에서도 자신과 친한 사람이 잠깐 다른 사람에게 관심을 보이면 시선이 가고 기분이 나빠진다. 일종의 집착 증세를 보이기도 하는데, 애인에게도 자신이 1순위가 확실한지 그의 SNS를 뒤적이다 힘이 다 빠진다. 툭툭 던지는 말에 화가 나서 그 문제로 다투는 일이 많았고, 불만 때문에 일부러 거리를 두고 냉랭하게 대한다. 애인이 있지만 외롭고 헤어지자니 더 외로워질까 봐 두렵고, 주변에서 자기의 외로움을 채워줄 무엇이 없나 두리번거리게 된다.

트라우마는 상처가 아닌, 감정

세미 씨는 "누구보다 너를 가장 사랑해" 이 말이 항상 듣고 싶은 것이다. 과하다는 것을 머리로는 알지만, 무의식 속 감정적 상처는 평생 갈 수도 있는 것이 '핵심감정'이다. 분노와 외로움의 감정을 오랫동안 해소하지 못해, 누군가와 조금 가까워지면 애정을 빼앗기지 않으려고 집착하는 것을 알 수 있었다.

자기성찰을 통해 자신의 감정에서 일어나는 과정들을 바라봐 주는 것이 필요하다. 트라우마를 상처로 보지 말고, 해결되지 않은 감정으로 바라봐 주자. 불순함과 경멸의 감정, 질투의 감정을 느껴도 된다. 회사도 다니고 연애도 하고 남들이 보면 할 것 다 하는 것 같지만, 외로움과 화가 조절 안 되어 늘 불행감에 싸여 있다면 문제다. 만성적인 우울에 시달리고 있다면 약물치료와 함께 심리 상담을 병행해야 한다.

만성 우울증은 주요 우울 장애보다 증세는 덜하지만, 어릴 때부터 시작된 미해결된 감정인 '핵심감정'이 오랜 기간 지속된다는 점이 특이점이다. 기질, 만성적 스트레스, 상실의 경험 등의 요인으로 발생하며, 과거 기억들을 나쁘게 기억하는 경우가 많다. 보통 청소년기부터 시작되며, 방치하면 주요 우울 장애로 발전하기 때문에 다뤄줘야 한다.

■개념
만성 우울증은 기분 부전 장애라고도 하는데, 적어도 2년 동안, 하루의 대부분 우울한 기분이 있고 우울한 기분이 없는 날보다 있는 날 이 더 많다(DSM5). 식욕도 없고, 때로는 과식을 하며, 잠도 안 와 불면의 밤을 보내다가 하루 종일 자는 수면 과다가 일어난다. 무기력, 피로감 및 집중력이 감소되며, 결정 곤란을 겪기도 한다.

생애 초기 기억은 오래 기억에 남고, 감정을 지배한다. 잊히지 않아 끊임없이 스스로 되새김질한다. 우리는 이 기억들을 잊기 위해 애쓰지만, 부정적인 감정들이 끊임없이 떠오르는 것은 다뤄달라는 신호이다.

쓸모없는 감정은 없다

남길순 시인의 〈분홍의 시작〉(파란시선, 2018)에 '눈사람 애인' 이라는 시가 있다.

'갓 태어난 애인을 갖고 싶다

흰 깃 새들이
숨어 바라보는 입맞춤 위에는
다시 함박눈이 내리고'

시에서 '갓 태어난 애인'은 순백의 새로운 감정들로 바꾸어 생각할 수 있다. 지금의 감정은 어제의 감정과 같을 수 없다. 눈이 사라지고 눈 위에 새로운 눈이 내리듯, 나를 힘들게 하는 감정도 새롭게 만나야 한다.

쓸모없는 감정은 없으며, 다독이며 살아야 할 소중한 감정들이다. 주변을 두리번거리는 것은 나쁘지 않다. 외로움과 슬픔의 감정을 자주 느끼며, 지속적인 무기력 증세로 쉽게 피로감을 느낄 수도 있다. 사람에 대한 신뢰가 없어 소통을 꺼리지만, 자신과 유사한 감정체계를 가진 사람을 만나면 끌린다. 일종의 투사적 동일시이다.

외롭고 쓸쓸한 마음을 서로 보듬다가 치유가 일어나기도 한다. 자신의 감정과 동일시할 수 있는 시를 읽거나 그림을 보는 것도 도움이 된다. 예술가들은 자신의 예민하고 우울한 감정을 작품에 잘 반영해놓기 때문이다.

보통 만성 우울증으로 불리는 기분부전장애는 가벼운 우울증이라고 할 수 있다. 증상이 경미하지만 만성화되어 상담 기간이 오래 걸린다. 경두개자기자극치료(TMS)를 병행하는 것도 도움이 된다. 뇌는 뉴런에서 전기와 호르몬이 서로 상호작용한다. 전기 자극을 통해 기분과 정서를 담당하는 뇌의 영역에 자극을 준다. 정서뇌가 너무 활성화되어 불안한 경우 활성화를 적당하게 낮춰주고, 반대로 덜 작동하면 활성화시켜주어 균형을 맞춰준다.

산책이든 헬스든 신체를 단련시키는 규칙적인 습관을 가질 때 전두엽과 편도체, 즉 감정을 다루는 뇌의 부위가 활성화된다. 악기 연주 역시 전신 운동 효과로 인해 신경 전달 물질이 활발해진다.

외로운 자기만의 방에서 밖으로 한 발자국만 나와 보자. 어두운 감정에 오래 지쳤다면 누군가의 도움을 요청하는 것이 좋다.

[심리 TIP]

오랫동안 굳어진 우울한 성향을 다루는데, 감정의 동일시만큼 좋은 게 없다. 자신의 마음을 잘 나타내는 시나 소설에서 나만의 문장을 선택하여, 일주일에 3번 정도, 동일시되는 문장 1개를 꾸준히 적는다.

6. 무시당하는 건 죽어도 못 참겠어요_가면 우울증

지연 씨는 직장에서 야근을 많이 한다. 비난이 죽기보다 싫어 열심히 일한다. 다 퇴근한 사무실에서 야근을 하는데, 남들은 일 못하는 사람이 꼭 야근한다며 빈정댄다. 치킨, 피자, 떡볶이를 돌려가며 배달시켜 콜라를 들이켠다. 답답하던 가슴이 쑤욱 내려가고 "살 것 같다!" 혼잣말을 한다. 누구한테 들킬까 늦은 시간에 시킨다. 꼭 날씬해야 아름답다는 생각은 갖고 있지 않지만 사람들이 의식된다. 직장 생활 5년 만에 10kg가 쪘다.

비난이 무섭다면 자존감 체크부터 해야 한다

■개념

가면 우울증은 전문용어로는 비정형 우울증이라고 한다. 수면과다, 폭식, 몸이 무겁다는 말을 많이 하는 것이 특징이다. 거절에 민감하며 스트레스를 폭식으로 푼다.

직장 스트레스에 혼자 속을 끓이다 보면, 야식으로 나가는 돈만큼 순식간에 살이 찌는 직장인들이 있다. 실제로 야식으로 나가는 돈을 저축했으면 부자가 되었을 거라고 말하는 내담자들도 있다.

하지만 지연 씨같이 남의 빈정거림이나 비난을 죽기보다 싫어한다면 자존감 체크부터 해야 한다. 자존감이 낮아질 대로 낮아지면 무시당하고 싶지 않다는 생각에 무리하게 된다.

성장 배경을 보면 '어릴 때부터 무시당했다'라든가, '엄마가 시킨 학습지를 제대로 해놓지 않았다고 혼난 기억' 등과 같이 부정적인 에피소드가 있다. 비난이 싫어 지쳐가면서도 한마디 불평도 못하고 야근을 해서라도 제대로 보여주고 싶은 것이 무엇인지 살펴봐야 한다.

지쳐 쓰러지면서도 혼자 도맡아 일을 하면 내면에는 불만이 쌓인다. 내색을 안 해 남들은 모르는 우울증이 가면 우울증이다. 내면의 공허를 폭식으로 해결한 후 몸무게를 확인하며 '후회한다'라고 토로하는 경우가 많다.

폭식과 먹고 토하는 것을 반복하며 그렇게 열심히 일하는 이유는 무엇일까. 그녀들에게 내면의 감정을 반영해 주면 속 얘기가 나온다.

"무시당하는 게 두려우시군요?"

"네, 하찮은 존재가 되는 게 싫어요. 저는 늘 뒷전이었거든요."

알고 보니 형제들 사이에서 공부도 밀리고, 생긴 것도 별로였다는 콤플렉스가 숨어있었다. 비정형 우울증은 지지받을 때나 사랑의 대상이 있으면 잠시 좋아진다.

"엄마는 나보고 사회성이 없다고 상담받아보라고…"

사회에서 구설수에 오르는 것도 싫어 남들의 뒷담화에 끼지 않아 회사가 어떻게 돌아가는지도 혼자만 몰라 따돌림을 받았던 것이다.

다른 직원들이 회식 자리에서 "저 팀장님밖에 없는 거 아시죠?"

"저 선배님 없으면 아무것도 아닙니다! 제 마음 아시죠?"

이런 식으로 남들은 쉽게 하는 사회 적응 필살기를 꼭 따라 할 필요는 없다. 하지만 가려운 데를 긁어주고 선배나 상사의 비위를 맞추는 등 회사 돌아가는 분위기를 파악하는 것은 필요하다.

할 수 있을 만큼만, 전략적 기법

"무시 좀 당하면 좀 어때!" 이렇게 외치자.

심리적 용어로 '전략적 기법'이라고 한다.

'절대 야식을 먹으면 안 된다'는 생각이 들 때도

'그래 조금 먹어도 돼'라고 하면, 적당히 먹게 된다.

뭐든 잘하려고 발버둥 치다 보면 어긋나기 쉽다.

"할 수 있을 만큼만 하자!"라고 했던 일이 오히려 잘 되는 경우가 많다.

폭식도 마찬가지다. 살찌는 게 무서워 안 먹으려 하면 식욕은 더 강해진다. 식욕이 채워지면 도파민이 증가하여 잠시 행복하지만,

점점 더 많은 양을 채워주지 않으면 금단 증상이 생긴다. 심하면 먹고 토하는 '먹토'로 인해 몸도 마음도 피폐해질 수 있다.

그날 쌓인 감정들을 풀어내는 법을 이제부터라도 배워야 한다. 누군가에게 칭찬을 받는 것, 공허감을 음식으로 채우는 것은 잠시 위안을 줄 뿐이다. 백설 공주가 되어 독이 든 사과를 먹는 기분이 되지 않으려면 남의 평가로부터 자유로워야 한다.

마음의 공허감을 음식으로 채우는 것은 한계가 있다. 위장이 채워지는 것은 불만스러운 나의 마음과 지레 무시당했다고 느낀 내 생각의 찌꺼기들이다. 그동안 쌓인 것은 풀지 못한 분노와 피해의식일 수 있다.

불쾌한 감정을 계속 곱씹을 때 스스로에게 "이제 그만하자!" 명령하는 행동수정을 권한다.

[심리 TIP]

공허감을 폭식으로 풀지 않으려면 곱씹는 습관을 버리자. 멈추지 않는 마음의 경련은 우울한 감정만 쌓일 뿐이다. 오늘 풀지 못한 감정은 무엇인지, 자각하고 풀어나가는 것이 몸에게도 친절을 베푸는 행동이 된다.

7. 나는 어떤 우울일까, 우울증 체크리스트

1) 주요 우울 장애 자가진단법

① 하루 종일 우울한 기분이 든다.

② 모든 활동에 흥미를 못 느낀다.

③ 한 달 새 체중이 기존의 5% 이상 늘거나 줄었다.

④ 잠을 못 자거나 너무 많이 잔다.

⑤ 초조함을 자주 느낀다.

⑥ 피로를 자주 느낀다.

⑦ 본인이 무가치하다고 느낀다.

⑧ 집중력과 결정 능력이 떨어진다.

⑨ 죽음에 대해 생각하거나 구체적인 계획을 세운다.

* 9개 항목 중 5가지 이상이 2주 이상 나타나고, 이로 인해 일상생활에 지장을 받으면 우울증이 의심된다(미국정신의학협회).

2) 양극성 장애 자가 진단법

① 팽창/과장된 자신감을 보인다.

② 수면 욕구가 감소한다.

③ 평소보다 말이 많아진다.

④ 비약적인 사고를 하게 된다.

⑤ 주의가 산만해진다.

⑥ 목표 지향적 활동, 에너지, 정신운동성 초조가 증가한다.

⑦ 고통스러운 결과를 초래할 만한 쾌락적 활동에 몰두한다.

* 7개의 항목 중 대체로 3-4가지 이상 나타나는지 확인한다. 보통 울증과 조
  증을 모두 경험하나 10~20%는 조증만을 경험한다. 평균 조증은 5-10주
  지속되며, 우울은 19주, 혼재성은 36주 정도 지속된다(DSM-5).

3) 우울증의 하위 범주 6가지

흔히 겪는 우울증을 몇 개의 하위 내용으로 구성하였다. 우울
증을 진단하는 유형 검사라기보다는 하위 내용으로 구성된 주요
특징을 통해 우울증에 대한 이해를 돕기 위한 것이다. 우울증의
하위 내용 6개를 소개하고자 한다.

① 주요 우울 장애(1, 2문항): 거의 하루의 대부분의 시간 동안 우
  울한 기분이 들고 활동이나 흥미의 상실이 2주 이상 지속된
  다. 자신에 대한 무가치감으로 힘들어한다.

② 양극성 장애(3, 4문항): 들뜨거나 의기양양한 조증(혹은 경조증)
  과 무기력한 주요 우울 증상이 최소한 일주일 동안 함께 나타
  난다. 감정의 양극단을 빠르게 교차한다.

③ 멜랑콜리아 우울증(5, 6문항): 거의 모든 활동에서의 즐거움이
  나 반응이 없고 아침에 우울이 더욱 심해진다. 상황에 맞지
  않는 반응이나 지나친 자책을 한다.

④ 계절성 우울증(7, 8문항): 계절이 바뀌면서 우울 증상을 보인다. 늦가을에 시작해서 봄이 되어 좋아지는 경우가 많지만, 간혹 여름에 시작해서 겨울에 좋아지기도 한다. 심한 무기력과 함께 과다수면, 과식 등을 한다.

⑤ 만성 우울증(9, 10문항): 보통 기분 부전 장애로 알려져 있으며 지속성 우울 장애라고 한다. 우울증이 장기화되어 2년 이상 지속되며, 우울감과 집중력 감소 등을 보이는데 치료의 예후도 좋지 않다.

⑥ 가면 우울증(11, 12문항): 비정형 우울증이라고도 하며, 긍정적 상황이나 지지에 빠르게 반응하며, 대인관계에서 거절감에 예민해진다. 몸이 가라앉는 마비된 듯한 무력감을 보인다.

우울증을 선별하기 위해 상담실에서는 21문항으로 구성된 체크리스트인 '백(Beck) 우울척도(BDI)'가 사용되고 있으며, 표준화된 검사인 '567'문항의 '다면적 인성 검사(MMPI-2)' 등이 기본적으로 많이 쓰인다.

여기에 소개하는 '우울증 체크리스트'는 상담 장면에서 주로 호소하는 우울의 하위 범주 6가지를 중심으로 DSM-5(정신 장애 진단 및 통계편람)를 참고하여 문항을 구성하였다. 평소에 우울감이 있다면 '우울증 체크리스트'를 한번 해보자.

<우울증 체크리스트>

문항	내용	응답				
		전혀 아니다	그렇지 않다	보통 이다	그런 편이다	매우 그렇다
1	최소한 2주 정도 우울이 기분이 들었다.					
2	매사에 흥미가 없다.					
3	심하게 의기양양하고 과민한 기분과 우울한 기분이 반복된다.					
4	사고의 비약, 들뜬 기분과 무기력이 반복된다.					
5	모든 활동에서 흥미나 즐거움이 없어진다.					
6	아침에 우울이 악화되며 쾌감을 주는 자극에도 반응이 거의 없다.					
7	해마다 일정한 시기에 우울해졌다가 다시 좋아진다.					
8	보통 가을이나 겨울에는 우울하고 봄이 되면 회복된다.					
9	2년 이상 우울한 기분이 없는 날보다 더 많다.					
10	과거의 상처에 집착하며, 집중력이 감소하고 우유부단하기 쉽다.					
11	몸이 스펀지처럼 가라앉는 것 같고, 팔다리가 무겁게 느껴진다.					
12	타인의 거절에 민감하며 지지 받을 때 기분이 살아난다.					

※ **채점 방법**: 문항의 내용을 읽고 '전혀 아니다'(1점) – '매우 그렇다'(5점)에 표시를 한 후 총점을 내서 문항수인 12로 나누면 평균값이 나온다. 하위 내용 중에 어느 부분의 점수가 상대적으로 높은지 살펴보면 자신이 느끼는 우울의 특징을 파악할 수 있다.

| 마음을 품어주는 심리처방전 |

1. 엘리스(Ellis)의 논박 기법

▶ 철학적 논박(예외성): "위기가 많았는데, 만남을 지속하는 이유가 궁금해요."

▶ 기능적 논박(유용성): "그렇게 걱정하는 것이 도움이 되나요?"

▶ 논리적 논박(비합리적 신념): "절대 안 된다는 근거는 무엇일까요?"

2. 우울한 마음을 극복하는 '시 처방'

▶ 1단계: 시 낭송

▶ 2단계: 모방시 쓰기

동일시(마음에 닿는 단어나 문장 선택)와 카타르시스(기분이나 감정 이입) 발문법을 통해, 자신의 시로 재저작한다.

햇살의 감각

곽소현

발이 있어도
땅에 닿지 않고
흩어지는 언어 사이로
침묵의 소리마저 먹먹할 때

흐린 날에는
등 뒤의 햇살을 더듬어
사진을 찍었다

카메라에 찍힌 꽃송이는
모호한 색깔을 띠었지만
아름다웠다
희미한 빛 속에서도
장밋빛 혀를 말아 올렸으니

왈칵 울어보지 못한
햇살이
꽃잎 사이로 흘러나올 때

당신과 나 사이
내면의 거리를 뚫고
젖어 드는 연보랏빛 눈물

3. 우울한 마음을 극복하는 '비트겐슈타인'의 명언

▶ '우리가 머리로 생각하는 것보다, 사람들이 살아가는 모습을 보고 상상하는 것보다, 산다는 것은 훨씬 진지한 것이다.'(박재현 역, 비트겐슈타인의 말, '철학종교일기', 인벤션, 2015).

_____

_____

_____

_____

_____

▶ 이 명언이 자신에게 주는 의미는 무엇일까요?

_____

_____

_____

_____

_____

확실해요!
당신은 소중한 사람입니다

2장

우울의 다른 이름, 불안은 동전양면이다

2장

우울의 다른 이름, 불안은 동전양면이다

1. 불안과도 협상이 필요할 때가 있다_특성불안

문규 씨는 대학 시험을 한번 망쳐서 재수하고, 지금도 공무원 시험을 계속 보고 있는데 낙방을 몇 차례 하고 나니 진이 빠진다. 본인은 그렇다지만 엄마의 잔소리는 끝이 없다. 어떤 사람은 마지막 필살기로 시험을 잘 본다는데 그런 사람이 부럽기만 하다. 공부한 만큼 실력을 발휘한 경우가 거의 없다. 문규 씨의 시험불안은 중학교 이후 생겼지만, 아주 어릴 때도 예민하고 겁이 많아 엄마의 손이 많이 갔다고 한다. 어릴 때부터 부모의 기대에 부응하려 했다는 것, 그리고 내색은 안 했지만 늘 마음에 부담을 안고 있었다는 것을 고백했다. 시험 때마다 두통과 숨 가쁨 증상으로 온몸에 힘이 빠지고 쓰러지기도 한다.

예민했던 이유가 불안한 기질이라면

아주 어릴 때부터 예민해서 불안이 끈질기게 따라다닌 경우, 기질적으로 불안이 높을 수 있다. 대부분 학업량이 많아지는 중학교 때 이후에 시험불안증 같은 문제가 발생하여 본인이나 부모가 알게 된다.

심리학자 스필버거(Spielberger, 1972)는 불안을 '특성불안(trait anxiety)'과 '상태불안(state anxiety)'으로 분류했다.

■개념

특성불안은 획득된 행동 성향으로 기질적인 면을 강조한다. 불안을 일으키는 특별한 위험이나 사건이 없는데도 걱정과 불안이 많다. 반면에 상태불안은 위험한 상황에 반응하는 일시적인 것으로 시간이 지나면 긴장과 불안이 자연스럽게 사라진다.

문규 씨의 불안은 실수로 성적이 하락하고 엄마의 호된 질타를 받은 것이 발단이 되었다고 한다. 적당한 시험불안은 공부를 하게 만드는 동력이 되지만, 시험 때마다 갑자기 불안이 올라오는 예기불안은 사람을 고통스럽게 한다.

"지금껏 엄마 실망시킨 적 없잖아?"

엄마의 말이 떠오르고 기대를 채워주고자 하지만, 마음대로 안될 때의 좌절감이 밀려온다. 그 정도 야단맞은 것 같고 그러냐고 할 수 있지만, 예민한 이유가 있었다. 엄마는 문규 씨 임신 시기에 고부갈등이 심해 임신 우울증을 앓았다고 한다. 아이를 출산하고 2~3년은 아이가 울어도 관심을 못 주고 방치했다고 한다. 이런 경우 아이는 '심리적 외상'을 경험하게 된다. 관심받아야 할 시기에 받지 못해 생긴 불안은 이후 위협을 주는 자극에 취약하게 된다.

보통 시험 보는 상황이니 불안한 게 당연하다고 생각하겠지만, 실제로 대학생을 대상으로 한 연구를 보면, 시험불안이 높은 대학생들은 특성불안, 우울증, 강박증, 대인 예민성 등, 기질적으로 취약한 것으로 나타났다(양동호 외, 동의신경정신과학회지, 2008).

특성불안 증상은 시험 공포, 손 씻기 강박, 사회불안 등, 다양한 형태로 나타날 수 있다. 증상보다는 불안이 생기게 된 원인이 중요하다. 단순히 정서뿐 아니라 신체, 사고, 행동에 영향을 미치기 때문이다. 남보다 위험을 민감하게 감지하며, 교감신경계가 오작동을 하면서 흔히 호흡곤란, 식은땀, 손발의 차가움, 질식감으로 인해 고통을 호소하기도 한다.

우울과 불안은 짝꿍이다

우울과 불안은 서로 단짝 친구이다. 다면적 인성 검사(MMPI; Minnesota Multiphasic Personality Inventory)에서도 우울척도(2번)가 올라가면 불안을 나타내는 강박척도(7번)도 함께 올라가는 특징이 있다.

하나만 상승하기도 하지만, 보통 우울하면 불안이 올라가고, 불안하면 우울이 올라간다. 우울과 불안이 동반되면 증세는 더욱 심해진다.

조금 불안하지만 잘 헤쳐 나가는 사람이 있고, 똑같은 상황이라도 더 많은 위협감을 느끼는 사람이 있다. 예를 들어, 간단한 쪽지 시험인데도 불안해서 집중이 안 되고, '내가 지금 뭐 하고 있나?' 하면서 우울감에 빠지는 사람들이 있다. 자존감은 낮아지고 수치심을 가질 수 있다.

시험불안은 누구나 겪는 것이지만, 적당한 경각심을 통해 착오 없이 시험을 볼 수 있다면 좋은 불안이다. 그런데 시험 때마다 공포 수준이 되면 문제다.

사람들은 불안이 올라오면 무조건 없애려고 한다. 실제로 상담을 하다 보면 불안한 마음을 가지면 안 된다고 생각해서 더 우울해하기도 한다. 우울과 불안은 한 세트처럼 우리 마음속에 존재한다. '항상성의 원리'인데 풍선의 한쪽을 누르면 다른 쪽이 불쑥 올라오는 것과 같은 이치이다.

SNS에 글을 쓰면서도 사람들의 반응이 궁금해 하루에도 수십 번씩 들어가고, 조금만 나쁜 말이 있으면 계정을 닫아버린다는 내담자에게 나는 조언을 했다.

"좀 무시하면 어떨까요?"

그 말에 용기를 내어 혼자 중얼거려보았다고 한다.

"그래 뭔 일 나겠어?"

내친김에 "그래 니들 잘났어!"

소리를 질러봤더니 좀 속이 시원해졌다고 한다.

내면의 볶닦임은 인정욕구에 대한 불안에서 온다. 대부분 '실수하면 안 된다'는 비합리적 신념에서 비롯된다. 한 번의 실수가 영원한 실패는 아니다. 크고 작은 위기 상황에서 불안한 감정을 조절했을 때의 유능감은 맛본 사람만이 안다. 두려워 아무것도 시도하지 않거나 불안한 것을 합리화하는 것은 모두 회피 전략이다.

불안해서 숨고 싶지만, 해야 할 것 같은 마음이 들 때 '일단 부딪혀보자!'라고 스스로에게 말해 주어야 한다. 도저히 무엇을 할 마음조차 안 생기고 계속 누워만 있고 싶다면, 하루는 쉬어주는 것이 좋다.

살아가면서 어떤 형태로든 불안한 상황은 일어난다. 불안에 압도당해 현실감각을 상실하면 무기력에 빠지게 된다. 나쁜 불안으로 볼 수 있다. 그런데 뇌는 좋은 불안과 나쁜 불안을 구별하지 않는다는 점이다.

　불안이 올 때 신체, 사고, 행동의 반응을 분절해서 자각하도록 훈련한다. 일종의 자각을 활용한 것이다. 불안한 사고로 두통이 올 때 신체 이완 훈련이나 인지 왜곡을 줄여나가도록 구체적으로 기록하고 확인하는 것이 도움이 된다.

[심리 TIP]

걱정을 곱씹다 눈덩이처럼 커지고 있다면, 불안의 맥을 한번 끊어준다. 즉시 일어나 물 한 잔을 마시거나, 밖으로 나가 테이크아웃 커피 한 잔을 사 들고 오는 식의 '타임아웃' 기법을 써보자.

2. 자살 충동이 들면 휴대폰을 들자_외상 후 스트레스 장애

"만날 자살한다고 협박하고, 정말 살 수가 없어."
가족도 지쳐서인지 이런 말을 불쑥 내뱉는 거는 이해가 가지만 그럴 때마다 실망이다.
"너 우울증 맞기나 해? 괜히 힘든 척하는 거잖아."
미영 씨는 엄마의 말을 듣고는 화를 참을 수 없었다. 이상한 건 엄마를 의지해서인지 엄마 말 때문에 상처받고 심지어 자해를 할 때도 있다. 어릴 때 가정폭력이 자주 일어났다. 아빠에게 맞은 적은 없지만, 더 무서웠던 것은 엄마가 맞으면서도 속으로 참으며 나오는 비명소리였다. 다행히 지금은 잘해주는 남자친구도 생겼다. 때려 부수고 감정 폭발이 심해도 받아주고 상담도 받으라고 신경을 써준다. 마음속에는 아빠에 대한 원망과 화가 있다.

사소한 일로 자해충동이 생긴다

멈출 수 없는 자해사고는 자해행동으로 이어지기 쉽다. 엄청난 사건 때문에 자해충동이 생기는 것으로 생각하지만 실제는 그렇지 않다. 가족이나 가까운 사람의 사소한 말 한마디에 상처 받아 자해를 시도하는 경우가 있다. 위로와 사랑을 받고 싶은, 깊은 의존의 대상일 때 더욱 그렇다.

미영 씨의 경우 어릴 때 엄마가 가정폭력을 당하는 것을 보고 자라 '외상 후 스트레스 장애'로 인한 우울증이 생긴 것이다. 아빠에게 화가 나지만 관계 자체가 거의 없어 멀리하는 것을 알 수 있었다. 엄마와 '정서적 공생'을 하며 고통을 견뎠을 것으로 보인다.

다행히 건강한 남자친구를 만났다는 점이 중요하다. 과거의 상처가 있다고 반드시 나쁜 선택을 하는 것은 아니다. 현재 선택을 잘하면 회복력이 빠르다. 미영 씨의 경우 높은 지능, 성실성, 유머 감각과 같은 장점이 많이 있었다. 어머니 역시 힘든 가운데도 미영 씨에게 좋은 교육과 다정함을 주려고 애쓴 흔적이 많이 보였다. 아버지는 현재 옛날 성격 다 죽이고 자기 때문에 딸이 마음고생하는 것 같아 마음 아파하며 뉘우치고 있다.

■개념

'외상 후 스트레스 장애'란 PTSD(post traumatic stress disorder)로 보통 말한다. 학대, 전쟁, 성폭행, 등과 같은 스트레스 사건들이 감당하기 어려운 외상으로 작용하여 나타나는 병적인 반응이다(Sadock & Sadock, 2003). 자신이나 타인의 실제적인 위협이나 죽음, 심각한 상해 또는 신체적 안녕에 위협을 주는 사건을 경험하거나 목격했을 때, 이에 대한 반응으로 극심한 공포, 무력감, 두려움이 동반되는 것을 의미한다(APA, 2013).

외상 후 스트레스 장애의 증상은 고통의 상황이 계속 떠오르는 침입적 사고, 회피, 인지와 기분의 부정적 변화, 지나친 각성으로 나타난다. 과거와 유사한 상황에서 극도의 불안과 감정 폭발이 일어나게 된다.

자해 소동이 나면 누구보다 본인이 가장 힘들다. 우울증 때문에 우발적인 행동으로 자제가 안 될 때는 주변 사람에게 말려달라고 도움을 요청해야 한다. 또한 평소 주변에 흉기가 될 만한 것들을 치워 놓아야 한다.

2020년 '사망원인 통계'에 따르면, 최근 우리나라의 자살률은 OECD(경제협력개발기구) 평균 10.9명에 비해 한국은 23.5명으로 가장 높은 수준이다(통계청, 2021). 특히 20~30대는 자살이 사망원인 1순위였다. 자살 동기는 우울, 불안, 대인관계와 같은 정신과적 문제가 가장 높다(보건복지부, 2021). 경제사회노동위원회 보도자료에 의하면, 청년 구직자들의 우울 원인(중복응답)은 구직(84.6%)과 생계(68.8%)였다(2021.02.03).

또한 2021년 코로나19 '국민 정신건강 실태조사'에 의하면, 30대 여성의 우울(7.0점), 우울 위험군(33.0%)이 모든 성별·연령대 중 가장 높게 나타났다. 성인 4명 중 1명은 정신건강 문제를 경험하나, 정신장애로 진단받은 사람 중 12.1%만이 전문가의 도움받은 것으로 나타났다(보건복지부, 2021).

이는 성인 우울증의 치료와 동시에 청년 실업 문제가 시급함을 말해준다. 물론 경증의 우울증으로 기본적인 자신의 돌봄이나 직장 생활을 잘해 나가는 사람들도 있다. 그러나 심한 경우 감정 조절이 안 돼 충동적인 행동을 할 수 있는데, 실제로 자신의 신체를 해치는 자해행동을 하기도 한다.

계단을 구르거나 등산 가서 고의로 헛발을 딛기도 한다. 건물이나 벽, 전봇대를 들이받기도 하며, 누군가 사고를 내주기를 바라며 핸들을 놓아버리기는 회피형 자해도 있다. 자해를 함으로써 자신이 가지고 있는 불안을 해소하려는 것이다. 하지만 신체적 아픔을 이용해 불안한 마음을 덮어버리려는 것은 아주 잘못된 생각이다.

SNS에 불안정한 기분이 그대로 노출되기도 하지만, 자기만 보는 글로 보관했다가 노출시키는 일을 반복하며 구조요청(SOS)을 하기도 한다. 하지만 무조건 울고, 소리 지르고, 짜증을 내니 애인이나 가족은 자신들도 우울증에 걸릴 지경이라고 호소한다.

주변 사람들은 대부분 의지 부족으로 몰아간다.

"그 정도는 이겨내야지, 의지 부족이라고…"

심지어 "네가 환자라면, 넌 우울증 환자보다 피해망상증 환자야"라고 억울한 말을 들으면, 힘든 속마음을 아무에게도 털어놓지 못하게 된다.

통증도 완화되는 '공조현상'

미국 불더 콜로라도대, 하이파대 연구팀은 23~32살 커플 22 쌍을 대상으로 실험을 했다. 2018년 '미국 국립과학원회보'에 실린 이 논문에서 통증을 느낄 때 연인이 손을 잡아주거나 같은 방에만 있어도 여성의 고통이 완화되는 것으로 보고했다. 즉, 연인의 통증을 자신의 것으로 인지하여, 호흡, 심장박동, 뇌파의 패턴이 비슷해지는 '공조현상'이 일어난 것이다.

극단의 행동은 자발적 선택과 계획이 아닌, 순간을 넘기지 못해서 일어나는 경우가 많다. 막막해서 죽고 싶은 충동이 올라올 때, 누군가 손잡아 주는 한 사람 때문에 살게 된다. 위기의 순간에 전화 한 통, 밥 한 끼 함께 먹어줄 사람이 있으면 삶의 끈을 놓지 않는다.

자신의 중력을 이기지 못해 삶을 포기하고 싶을 때, 타인의 중력을 흡수하면 살아난다. 도움을 요청하는 것은 결단코 부끄러운 일이 아니다.

대신, 한 사람에게 깊이 꽂힌 마음을 분산시키는 것은 필요하다. 돕는 사람이나 도움을 받는 사람이 지치지 않게 하기 위함이다.

손을 잡고, 얼굴을 부비고, 안아주면, 신경전달물질인 행복 호르몬 세로토닌이 만들어진다. 허그만으로도 마음의 통증을 가라앉힌다. 고통으로부터 완전히 자유롭게는 못하더라도 가장 고통스러운 하루는 버틸 수 있게 해준다.

자살 기사가 나오면 밑에 '자살 충동이 들 때 전화하라'는 메시지가 적혀있다. 위기의 상황에서 누군가의 도움을 요청하는 것은 용기 있는 행동이다.

3. 숨 쉬는 것도 연습이 필요하다_공황 장애

은진 씨는 공황 증세로 상담실에 찾아왔다. 과호흡 때문에 심장이 뻐근하고, 머리가 무겁다고 호소했으며, 심장이 강하게 두근거리고 얼굴도 화끈거린다고 하였다. 어떤 날은 상담 시간에 손발이 계속 떨려서 불안한 증세를 보이기도 했다. 알고 보니 최근에 남편과 이혼한 지 일주일 정도 되었는데 그때부터 공황 증세가 시작되었다고 했다. 아이들도 다 커서 대학생이 되었고, 이제는 도박을 끊지 못하는 남편을 더 이상 안보겠다고 이혼을 선택했는데 잘 한 건지 모르겠다는 것이다.

'바람직함'에 대한 강박, 공황 증세

"처음엔 성실해 보였던 남편이 마음에 들었어요. 가정을 책임지지 않았던 아빠와 달라 보였거든요. 그런데 결국 배신을 당했네요."

이혼을 먼저 선언했지만, 남편을 버리는 것 같아 마음은 개운치만은 않았다는 것이다.

'내게는 일어나면 안 되는 일이다'라는 비합리적 생각이 클수록 공황 증세가 일어난다.

생각과 몸은 연결되어 있기 때문이다. 공황 증세는 교감신경계가 활성화되어 심혈관계에 영향을 미쳐서 심장박동수가 증가하면서 일어나는 증상이다. 요즘 공황 장애를 겪고 있는 사람들이 많다.

■개념

공황 장애는 갑자기 숨이 멎어 죽을 것 같은 공황 발작이나 강렬한 신체 증상으로 인한 두려움이 뒤따른다. 매스껍고, 가슴이 조여들며 심하면 졸도할 것 같은 식으로 이성이 마비된다.

기질적인 요인과 함께, 사회적 관계, 정신적 외상, 바람직함에 대한 강박 등이 공황 증세를 불러온다. 사람이 많은 지하철이나 비슷한 상황에서 예기불안을 느끼게 된다.

최근 이혼을 한 은진 씨는 이별이라는 촉발 사건으로 불안이 극심하게 올라와서 가슴이 조이고 어지러움 증세를 보이는 공황 증세가 왔다.

이혼 후 시원하다는 반응과 함께 죄책감과 혼란스러움의 양가적 감정을 보이기도 한다.

"내가 뭔 짓을 한 거야…"

이런 경우 나는 "고심 끝에 한 결정이지 않나요?"라고 스스로 선택한 것에 대해 인지시키고, 그다음 실제적인 문제들을 해결하는 데 집중할 수 있도록 돕는다.

아이들 챙기는 문제, 재산분할, 거주 등 실제적인 스트레스만큼이나 정서적인 문제의 해결은 오래 걸린다.

'부부 싸움은 칼로 물 베기'라는 말이 있지만, 마음까지 정리하는 게 그리 쉽지 않다. 공황 증세를 경험하기도 하고, 우울과 무기력을 왔다 갔다 하면서 그 시간을 보낸다.

단순 노출 효과 VS 콩코드 효과

헤어졌지만, 그동안 함께 했던 시간의 기억을 한꺼번에 버릴 수 없다. 심리학 용어로는 '단순 노출 효과(mere exposure effect)'라고 한다. 지나간 것은 나쁜 기억도 좋게 기억하는 법이다.

"무슨 미련이 남아서… 지겹지도 않냐?" 친구들이 의아해하기도 한다.

새로운 사람을 만나느니 그동안 익숙했던 사람이 낫다고 해석하여 관계가 바닥이 났는데도 애인과 헤어지지 못하는 것이다. 손실밖에 없는 줄 뻔히 알면서도 헤어짐을 미루는 것은 그동안 공들였던 시간과 투자가 아까워 그만 두지 못하는 '콩코드 효과' 때문이기도 하다.

어떤 경우든 이별은 상실의 아픔이 크다. 툴툴 털고 일어나는 사람이 있는가 하면, 공황 증세를 겪으며 힘겹게 삶을 이어가기도 한다.

공황 발작이 시작하려 하면 일단 확 트인 넓은 장소로 가는 게 좋다. 지하철이나 사람 많은 장소, 버스 안처럼 밀폐된 공간에서 공황 증세가 많이 일어난다. 이럴 때 무조건 지상으로 올라가거나 버스에서 내려야 한다. 그리고 위기의 상황에서 도움을 빨리 요청할 수 있게 단축키를 만들어놔야 한다.

혼자 있을 때 스스로 위기개입을 할 수 있는 호흡법을 알고 있으면 유용하다.

"숨이 안 쉬어져서 자다 일어나 죽는 줄 알았어요."

이때 내가 가장 많이 알려주는 방법은 종이컵을 코에 대고 숨을 쉬게 하는 응급조치법이다. 일명 '종이컵 호흡법'은 날숨의 이산화탄소를 흡입하면서 혈액농도가 올라가 과호흡을 완화시킬 수 있다.

또한 예기불안이 올 때, 명상법이나 스스로를 안심시켜주는 방법을 습득해놓는 것이 좋다. 예기불안에 복식호흡이 도움이 된다. 불안으로 인해 항진되었던 교감신경은 복식호흡법을 하면 부교감신경이 활성화되면서 각성되었던 몸이 이완되기 때문이다.

공황 장애는 불안 장애 중 하나다. 불안을 잊어버리려고 활동을 한꺼번에 넣는 사람도 있다. 회사에서 예고 없이 퇴사 명령을 받은 은규 씨 역시 분노발작과 함께 공황 증세로 인한 호흡곤란으로 인해 부인의 권유로 상담실에 왔다. 상담을 받고 좀 좋아지는 단계인데, 이제 아침에 일어나면 무조건 나와서 아파트 계단을 걷고, 산책을 나간다고 한다. 그런데 문제는 한번 시작한 운동을 강박적으로 하고 있었다. 헬스와 등산을 하고, 주말에는 자전거 라이딩까지 한다는 거였다.

"나아지셔서 다행인데, 병 고치려다 쓰러지시는 거 아녜요?"라고 직면을 했더니,

"견딜만해요. 차라리 몸이 힘든 게 나아요"라는 것이었다.

대신 무리하지 않게 주당 3번, 하루 운동량을 30분 정도로 약간 조정하기로 약속을 받았다.

과로나 수면 부족으로 인한 공황 발작도 많이 일어나므로 평소에 수면시간 체크, 규칙적인 식사, 카페인을 줄이기만 해도 공황 증세는 급격히 감소한다. 공황 장애를 겪는 사람들은 자신이 위기에 처할 때 도와줄 사람이 없다는 비합리적 신념 때문에 공황 증세가 심해진다. 숨을 못 쉬고 쓰러질 때 아무도 도울 사람이 없다는 생각 때문이다.

그러므로 평소에 자신이 공황 발작을 한다는 것을 인정하고, 급할 때 연락할 곳을 찾아놓는 것만으로도 불안이 낮아진다. 위기 상황에서 모르는 사람에게라도 도움을 요청하면 도와줄 것이라는 믿음도 중요하다. 그리고 평소에 편한 장소를 확보해두자. 카페나 산책길, 또는 서점의 좋아하는 코너에 가서

책 표지만 만지작거려도 불안한 마음이 풀어질 수 있다.

4. 나를 억압할 수 있는 단어는 없다_사회불안 장애

혜령 씨는 상처받기 싫은데 뜻대로 되지 않는다. 기분이 나쁜 말을 들어도 그 당시는 얼음땡이 된다. 집에 가서야 생각나 끙끙댄다. 사회불안은 거절이나 타인의 평가에 민감하다. 혜령 씨는 유치원 다닐 때 기억을 떠올려보면, 친구랑 장난감을 갖고 놀다 싸워도, 엄마한테 혼나도 아무 말도 못 했다고 한다. 엄마가 무서웠고, 주변의 친구들은 하나같이 드센 아이들이 많았다. 성인이 된 지금도 여리고 수줍어하는 성격 때문에 제대로 하고 싶은 말을 못 한다.

세상에서 사람이 제일 무섭다면

혜령 씨에게 "말하고 싶은데 생각이 안 난다고요?"라고 물었더니 "뭐라고 지적받으면 내가 틀린 것 같아요. 그 당시에는…"라고 한다.

실제로 성인 중에서 사회불안을 겪는 사람들을 보면 아주 어릴 때부터 사회성이 부족했던 경우가 많다. 친구를 사귀고 싶지만 방법을 몰라서, 다가가지만 상대로부터 거부당한다고 느낀다.

사회불안 장애는 '대인 공포증' 혹은 '사회 공포증'이라고 한다. 타인이 지켜보는 상황에 처해있거나 뭔가를 할 때 지나치게 두려워하는 것을 말한다.

뭔가 말을 하고 싶은데, 막상 그 상황이 되면 입이 얼어붙어, "어버버…" 하는 동안 상대는 화를 내며 가버린다면 참 난처할 것이다. 생각만 논리적이고 공격을 받을 때 감정을 느끼지 못하는 경우가 많다. 나중에야 '아! 그때 이렇게 받아쳤어야 했는데…' 후회하는 일이 반복되다 보면, 사람에 대한 부정적인 감정이 쌓이게 된다.

"왜 이렇게 사람이 어렵지?"라는 의문을 갖게 될 것이다.

대부분 사회로 나가는 첫 단계인 유치원 시기부터 시작해서, 사춘기 때 비사회적인 특성이 두드러지게 나타난다. 수줍어하는 정도로 보일 수도 있지만, 사람들이 자신의 옷차림이나 제스처, 냄새 등을 싫어할 것 같은 두려움 때문에 심한 고통을 느낀다. 대부분 타인의 평가에 민감한 사람들에게 많이 나타난다.

심한 사회불안이 있는 사람 곁에는 활달한 사람이 나타나 서로 상반되는 성격을 보완하기도 한다. 수줍음이 많은 사람들은 리드는 못해도 상대방에게 맞추기는 잘한다. 그러다 상대방이 순식간에 선을 넘어오면, 어김없이 인간관계는 힘들다는 부정적인 공식이 각인된다.

친구야 덜 만나면 그만이라지만, 문제는 사회생활이다. 어려운 상사나 선배 앞에서 실수하지는 않을까, 대인관계가 서툰 자신의 모습이 들키지는 않을까, 온갖 신경을 쓰면서 기가 빨린다. 그렇게 되면 같은 시간을 일해도 피로감은 더해지고, 자기 의견이 받아들여지지 않을 때, 자신도 모르게 공격적인 표현이 나가게 된다.

평소에 조용히 있다가 갑자기 따지는 말투로

"아. 이건 아니죠. 제 말은요…"

이렇게 말이 세게 나가버리면, 표현이 서툰 자신을 보며 자책하게 된다. 사회불안은 할 말을 아예 못하기도 하지만, 억울함이 쌓여 상황에 맞지 않게 욱하고, 후회하는 일을 반복하는 경우가 많다.

'힙한 친구군, 사회생활하면서 자기가 하고 싶은 말을 어떻게 다해?'

아무 말도 못 하고 끙끙대는 것보다는 낫다. 하지만, 상대방의 말을 모두 공격적으로 받아들이는 습관은 바꿀 필요가 있다.

나를 수용할 것이라는 상대방에 대한 믿음이 있으면, 자신도 모르게 당당하게 나간다. 방어적으로 말하려다 보면 흥분하고 말이 거칠어지기 쉽다. 말하다가 조금 밀리는 느낌이 들 때 차분한 톤을 유지만 해도, 감정이 뛰고 흥분하는 것을 막을 수 있다. 일종의 행동수정 요법이다. 감정이 정돈된 상태에서 말하는 것은 상대방의 귀에 꽂힌다. 평소에 자신의 생각을 정리해두는 것도 방법이다.

사회불안 때문에 늘 힘들다면 불편한 사람에게 말하는 연습이 필요하다. 거울을 보면서 상대방이 있다고 생각하고 자기주장을 해보거나, 인형을 가지고 역할놀이(role play)를 해보자.

호의가 계속되면 권리인 줄 안다

직장도 있고, 부족한 것이 없어 보이는데도 고립감을 느끼는 것은 사회불안증의 흔한 현상이다. 사람만 봐도 무섭고, 발표라도 할라치면 심장은 두근두근, 작아지는 자신을 느낀다.

50살의 미은 씨 사례를 하나 더 소개한다. 그녀는 언니가 대표인 회사에서 직원으로 10년 가까이 몸담고 있는데, 힘들 때마다 언니를 의지하며 살고 있다. 하지만 언니는 욕심 많고 똑 부러지는 성격에, 할 말을 거침없이 하는 불같은 성격이다. 언니 기분을 건드리지 않으려 조심하는데도, 상황 파악을 못한다며 직원들 앞에서 큰소리를 칠 때는 창피하기도 하고 억울하다.

사회불안은 대인관계에서 실수하지 않으려고 조심하다가 오히려 상대방의 기분을 건드리는 경우가 많다. 주눅이 들어, 상대방이 지금 무슨 말을 하는지 상황 파악을 못하기 때문이다.

"눈치를 보는데, 눈치 없는 사람이 되어버릴 때 억울할 것 같아요"라고 반영을 해주었더니 미은 씨는 눈물 범벅이 되어 억울함을 토로했다.

"언니가 돈, 돈, 돈, 하며 밀어붙여서 힘들고, 이제는 화가 나요. 나 아니었음 사업이 이만큼 됐겠나 싶고, 갱년기까지 겹쳐 눈물이 나는데… 뭔가 이상한데도, 막상 그 당시는 할 말이 생각이 안 나서 표현을 못 해요."

기분 나쁜 말을 들어도 그 당시는 무슨 말을 할지 생각이 안 나고, 집에 가서야 화가 나서 끙끙 앓게 된다면 평소 감정을 억압했기 때문이다.

"언니가 그렇게 돈에 집착하는 것은 왜일까요?"라는 질문을 했다.

이것은 가족 상담에서 많이 쓰이는 '관계성 질문'이다. 사회불안이 높으면 자신의 불안에 매몰되어 상대방의 마음이나 객관적인 정보를 놓치게 된다.

"술 한잔하면서 속 얘기한 적이 있는데요. 언니가 어릴 때 못살았던 게 늘 한이 됐대요. 엄마, 아빠가 돈 때문에 많이 싸웠거든요."

이 말을 하고는 '자신도 억울하지만 언니도 불쌍하다'며 한참 눈물을 쏟아냈다. 눈물은 마음의 정화작용을 한다. 마음이 개운해지면 그제서야 현실감각이 돌아온다.

미은 씨는 상담이 끝나고 억울한 마음이 풀린 것 같다며, 자신도 사회성을 길러서 당당해질 것이고, 힘을 키워 언니로부터 독립해 가게도 차릴 것이라는 다짐의 말을 했다.

누구나 자신이 주인공이 되기 위해, 부당함에 맞서는 의지가 필요하다. 하지만 사회불안이 있는 사람들은 자신도 모르게 강한 사람 뒤에 숨어버리게 된다. 여린 사람은 '호불호'가 명확한 사람을 강한 사람으로 인지한다. 따라서 안전감과 통제받는 느낌을 동시에 받으며 혼란스러움을 겪게 된다. 부당함을 느낀다면 빠져나오겠다는 결단이 필요하다.

'부당함'은 나의 호의를 상대가 당연하게 여길 때 느끼는 감정이다.

영화 〈부당거래〉(2010)에 나왔던 유명한 대사가 있다.

"호의가 계속되면 권리인 줄 알아요."

호의와 배려는 내킬 때 하면 된다. 조리 있게 말이 안 나온다면, 기분이 나쁘다면 때로는 직설적으로 말하는 것도 필요하다. 그래야 최소한 억울함이 남지 않는다. 누구나 첫발을 떼기 어려운 법, 한번 입을 열기 시작해 보자.

[심리 TIP]

'뭔가 이상한데?'라는 생각이 자꾸 든다면, 그것은 정말로 이상한 것이다. 자신의 직관을 믿어라. 마음이 계속 불편하다면 그것 역시 문제가 있는 것이다. 계속 나를 무시하는 사람이라면 거리를 두자.

---

5. 불안한 게 아니라 불편한 거_범불안 장애

"보일러가 터지면 어떡하지?"

"월세가 밀리면 어떡하지?"

"남편이 암이 걸리면 어떡하지?"

성미 씨는 한도 끝도 없이 떠오르는 파국적인 생각으로 인해
당황스러워한다.

"무슨 일이 생기면 어떡하지?"에서 시작해서 꼬리를 물기 시
작한다.

과거는 과거일 뿐이다

40, 50대 여성들 중에 이런 말을 하는 내담자들을 종종 만난다.

"선생님, 저는 남편이 갑자기 병이 나서 죽을까 걱정이에요."

실제로 스트레스 순위에 '배우자의 죽음'이 1순위로 나온다.
그렇다고 해서 아직 일어나지 않은 일을 걱정하느라 전전긍긍
한다면 그것도 문제다. 가족 내에서 정서적 의존성이 강한 경우,
높은 불안 민감도를 보이게 된다. 주로 가족이나 자신에 대한 건
강, 안전에 대한 걱정이 많다. 범불안 장애는 사소한 걱정에서
큰 걱정까지 다양한 걱정거리를 안고 사는 사람들에게서 많이

나타난다.

"언젠가는 누구나 죽음을 맞이하는 거 아닌가요?"

대부분 이 사실을 인정하면서도 또 걱정을 한다.

'버림받음' 혹은 '혼자 남겨짐'에 대한 불안이 있는 사람들은 중요한 사람과의 관계에서 특히 예민하다. 분명 남편을 걱정하는 것이지만, 무의식은 자신이 혼자 남겨짐에 대한 불안인 것이다.

"건강식 열심히 챙기고, 병원도 자주 가라고 하는데 잘 안 가서 걱정이에요."

걱정이 많은 내담자들에게 나는 불안을 직면한다.

"건강을 챙기는 것은 꼭 필요해요. 하지만 불안은 다뤄야 할 것 같아요."

라고 하면 대부분의 내담자들은 수긍한다.

■개념

범불안 장애는 늘 무슨 일이 생길 것 같고, 생활 전반에 온갖 불안이 꼬리를 물게 되면, 긴장과 민감한 상태가 교차돼서 피로감이 늘 따라다닌다. 집중곤란, 신경과민으로 짜증을 잘 내며, 긴장으로 인한 근육통이나 두통과 같은 신체화 증상도 동반되는 경우가 많다. 이 중 세 가지 이상의 증상이 최소한 6개월 이상 지속한다.

단순히 불안 증세만 보이기도 하지만 우울증을 동반하는 경우가 많다. 골치 아픈 일들이 자꾸 생길 것 같아 불안에 늘 쫓기게 되면 무언가에 몰입하는 것이 어려워진다. 불안 증세는 성인, 청소년 등 모든 연령대에서 발생하지만 여성들에게서 더 많이 나타난다. 기질적인 경우는 약물의 도움도 받아야 하지만, 인지 오류나 관계에서의 문제라면 그 부분을 수정해나가야 한다.

돈이 떨어져 월세방에서 쫓겨날까 무섭고, 가족이 무슨 일을 당하고, 애인과 헤어질 것 같은 현재의 표면적인 이유가 아니다. 내면 속 불안이 소리를 치고 있는 것이다. 심하면 호흡곤란이나 공황발작까지 일어난다.

'왜 그렇게 걱정을 안고 살까?', 생각할 수 있지만 본인은 무척 고통스럽다.

불안은 언제부터인가 마음 한구석에 멍이 들어있음을 알려주는 것이다. 우리의 감정은 계속 아픔을 호소하고 있지만, '괜찮다'라는 이름의 반창고를 붙여서 마음의 소리를 막아버린다.

오랜 억압은 손원평 작가의 소설 〈아몬드〉(창비, 2017)에서의 소년처럼 감정을 전혀 못 느끼게 만든다. 그런 점에서 적당한 불안은 사람을 보호하는 안전장치인데, 불안을 통해 '지금 힘들다'고 아우성치고 있는 것이다.

좋은 사람이 되지 않아도 된다

　인천 가톨릭대 임수진 교수는 2020년 전국 중·고생 5만여 명을 분석한 결과, 국내 청소년 9명 중 1명이 범불안 장애 고위험 그룹에 속하는 것으로 보고했다. 이 결과는 질병관리청의 온라인 청소년건강행태조사에 참여한 전국의 중·고교 800곳에 재학 중인 청소년 5만 4,948명을 대상으로 범불안 장애 유병률 등을 분석한 것이다. 전체 청소년의 11.2%가 범불안 장애 고위험 그룹에 속했으며, 여학생이 남학생의 1.2배였다. 고 위험군의 청소년은 음주, 흡연 경험률이 높게 나타났다(메디컬투데이, 2022.02.16).

　청소년들 역시 성적에 대한 스트레스, 친구, 가족의 문제로 범불안 장애를 경험한다. 특히 가정 내 부모님의 불화로 삼각관계의 희생양이 되기도 한다. 가정 내 불안한 분위기를 어찌할 수 없는 자녀 입장에서는 답답하다. 학교에서 담배를 피우다 걸려 상담실에 온 중2 학생은 분노의 감정을 부모에게 향하고 있었다.

　"왜 엄마는 아빠한테 할 말을 나보고 하라고… 짜증 난다고요."

　자기가 담배를 피우게 된 것이 부모 탓이라는 것이다. 부모가 싸우는 것을 보면 화가 나고, 할 말이 있으면 둘이 해결하지 않고 자신을 삼각관계로 끼고 의사소통하는 것이 속상하다는 것이다.

　40대 중반인 엄마를 가족 상담에 초대를 하였다. 엄마는 속 썩이는 남편 때문에 아이 신경 쓸 겨를이 없었다 한다. 잠깐의 외도였지만 남편에 대한 신뢰가 깨졌다고 했다. 불편해서 할 말이 있으면 아이를 끌어들인다는 것이다. 아이보다도 자신이 문제니 평소 남편에 대한 불안한 마음을 다뤄달라고 했다. 자신의 행동을 고치려는 준비된 내담자였다.

'조금 불편하지만 불안은 자연스러운 감정이다.'

이 사실만 알아도 불안은 낮아진다.

아이의 문제행동 속으로 들어가 보면 부부의 문제인 경우가 많다. 평소에 남편의 말 한마디, 행동 하나에도 안절부절못하다면 일상생활에 방해가 될 수 있다. 어릴 때 채워지지 않았던 애착을 자녀에게서 채우는 사람이 많지만, 사람에 따라 남편을 애착의 첫 번째 대상으로 삼는 사람도 있다. 남편이 자주 전화를 하고 행선지를 알려야 안심이 된다면 그 사실은 먼저 알아야 한다.

아이를 돌보는 엄마라도 자신의 감정을 먼저 치유해야 한다. 뻥 뚫린 가슴으로 인해 가끔은 외롭고, 슬프고, 불안해도 된다. 엄마는 늘 엄마다울 수는 없으며, 좋은 사람이 되기 전에 자신을 먼저 안아주어야 한다. 그래야 아이도 행복을 배워나간다.

따라서 마음을 안정시켜주는 약간의 대체재로 인공호흡을 시켜주는 것을 먼저 해주어야 한다. 대체재는 마음에 위안을 주는 것들이다. 아이가 건네준 생일카드, 남편이 준 평범한 팔찌, 아끼는 음악도 대체재가 될 수 있다.

불안은 도망가고 싶을 때 생기는 감정이다. 나쁜 게 아니라, 약간 불편한 뿐이다. 한번은 맞붙어 봐야 할텐데 우리는 너무 많이 돌아간다. 간절히 원했으면서도 시작하려는 시점에서 멈춘다. 불안은 어떤 면에서 사랑과 유사하다. 어떤 상황에서 불안이 순간 올라올 때 "괜찮을 거야" 스스로 불안을 차단해주는 것이 필요하다.

영화 〈조제〉(2020)에서 주인공 조제(한지민)는 영석(남주혁)의 도움으로 집 리모델링이 거의 다 끝날 무렵 영석을 밀어내기 시작한다.

"이제부터 오지 않는 게 좋겠어."

"불편해."

진짜가 시작되는 순간이 오면 극도의 두려움도 같이 온다. 새롭게 시작는 시점에서 누구나 불안이 올라온다. 계속 갈지, 그만두어야 할지 갈림길에서 불확실성을 견뎌내야 하기 때문이다.

[심리 TIP]

불안이라는 바닥을 칠 때 가장 정직한 자신을 만날 수 있다. 망해 보면 더 나빠질 것도 없기 때문이다. '별일 아닐 거야!'라는 낙관도 필요하지만, '최악의 상태'를 상상하면서 불편함을 견디는 것도 필요하다.

6. 바이러스 없는 세상은 없다_특정 공포증

민영 씨는 최근 소개팅에서 탁자의 먼지를 닦는 깔끔한 남자를 만났다. 청결벽에서는 별종 같은 자신과 비슷해 결혼까지, 앞서가는 상상을 했지만, 만날 때마다 청결벽이 심해 손잡는 것이나 몸이 조금만 닿아도 세균이 묻을까 봐 질겁을 하는 그녀에게 남자는 예전처럼 두 손 두 발 다 들고 그녀 곁을 떠났다. 회사에서는 사무실의 컴퓨터나, 탕비실의 집기들이 세균에 오염된 것이 상상되어, 불안이 심한 날은 핑계를 대고 결근을 한다. 세균을 피해 다니지만 어떤 곳도 안심이 안 된다. 어떤 날은 세수한다면서 1시간을 씻느라 화장실에서 나오지 못해 지각을 하는 날도 많아 퇴직까지 생각하고 있다. 실업자가 된다 생각하니 불안이 마음을 짓누른다.

손 씻는 강박

'깔끔한 남자군… 나와 같은 사람이 있었다니…'
민영 씨는 남자를 볼 때 깔끔한 지를 먼저 본다. 하지만 깔끔함도 정도차이, 그녀를 조금만 만나면 청결벽이 정도를 넘어섰다는 것을 알고 남자들은 떠나고 만다.
그날 입고 나갔던 옷은 매일 세탁을 하고 부산을 떤다고 가족들은 불편하고, 엄마가 설거지를 잠깐 놔두면 그 사이 불어난 병원균을 어쩔 거냐며 소리를 지른다. 아침마다 씻는 강박, 직장 내 위생과 세균감염의 공포를 못 이겨 퇴사할 생각에 이르자 상담실을 찾은 것이었다.

세균 공포의 강도가 일상생활뿐 아니라 직장 생활에까지 영향을 미친다면 문제가 된다. 주변 사람들도 힘들지만, 본인은 이해받지 못하는데서 오는 고통은 훨씬 더하다. 더구나 사회생활을 지속하지 못할 상황까지 이르면 앞으로 어떻게 살아갈지 막막해질 수밖에 없다.

■개념

특정 공포증은 특정 상황이나 대상에 대해 심한 불안과 공포를 느껴, 그것을 피하게 된다. 매우 높은 수준의 불안을 경험한다. 세균 공포, 시험 공포, 고소 공포증 등을 들 수 있다. 불안에 대한 비합리적 신념을 인지해도 극심한 불안과 두려움으로 사회생활과 생활 전반에 어려움을 겪는다.

코로나 이후 세균 공포와 같은 강박증적 불안이 대두되었다. 결국 처음에는 손만 닦으면 되지만 행동이 하나씩 추가되면, 문고리 잡는 것은 물론 공중 화장실 레버를 손으로 만져도 될까 불안해진다. 그리고 손 소독제를 손에 가득 뿌리는 행동이 더해진다. 안절부절못하며 일의 능률은 저하되고, 위험한 환경에서 벗어날 생각밖에 나지 않는다.

　노무사로 일하는 지인의 말에 의하면, 코로나 시기에 감염 우려로 퇴직을 하겠다며 실업급여 수여에 대한 문의가 쇄도했다고 한다. 코로나 시기인 2021년 미국의 자발적 퇴직자가 450만 명으로(11월 기준) 20여 년 만에 최고치를 기록해, '대 사직의 시대(The Great Resignation)'라고 부르고 있다. 캘리포니아 정부는 주 4일 근무제의 법제화 움직임이 있고, 한국도 일부 기업들이 주 4일제를 시도하고 있다(동아일보, 2022.05.01).

　세균 공포는 전 세계를 강타했다. 이처럼 코로나라는 재해에 세균 공포증이 생기기도 하지만, 어렸을 때 양육환경도 중요하다. 정신분석학자인 프로이트(Frued)에 의하면, 만 2~3세인 항문기에 배변 훈련 과정에서 자녀의 행동을 엄격하게 통제했던 경우 청결 강박과 같은 결벽증이 생긴다. 코로나 이전에도 세균 공포증 내담자들은 있어 왔다.

　특정 공포증과 같이 불안이 높을 때, 점진적 노출 치료인 '체계적 둔감법'이 효과가 있다. 정신의학자 조셉 울페(Joseph Wolpe, 1958)가 개발했으며, 대표적인 행동수정 기법이다. 먼저 '불안위계 목록표'를 작성하고, 약한 공포 자극에서 강한 공포 자극으로 순차적으로 노출을 증가시켜 불안을 감소시켜 나간다.

　이때 '체계적 둔감법'에서 불안에 노출시킨 다음, '긴장 이완훈련'을 통해 긴장 상태를 감소시키는 것이 중요하다.

청결 강박은 침투적 사고

청결 강박은 침투적 사고가 특징적이다. 침투적 사고는 무언가 자신을 공격해올 것으로 느껴지는 것을 말한다. 즉, 통제당할 것에 대한 극심한 두려움이다. 세균에 대한 공포가 청결 강박으로 나타나면, 더러운 것이 자신을 해칠 것이라는 위협감이 든다. 청결에 에너지를 쏟음으로써 불안을 잠재우게 된다.

청결이 핵심이 아니기 때문에 다른 형태로 침입적 사고는 자주 일어난다. 이들은 꿈을 꿀 때도 주로 침투적 꿈을 꾼다. 가스불이 켜져 있어 불이 나거나, 대문을 분명 잠갔는데 열려 있어 도둑이 들었거나, 하는 식이다.

스스로 조심하는 것이고 완벽하게 되면 위험으로부터 자신을 안전하게 지킬 수 있다고 생각하는 것이다. 청결 강박뿐 아니라 고소 공포증, 수영장에 대한 공포, 특정 동물에 대한 공포도 같은 맥락이다. 공포증의 위험에 처했던 어떤 에피소드가 있는 경우들도 있지만 기본은 내면의 불안 때문이다.

내면에는 방치된 감정들이 있다. 쓸쓸함, 슬픔, 버려짐, 외로움, 분노 등의 감정들이다. 하루도 문제없는 날은 없으며, 그때마다 감정이 요동치지 않으려면 무조건 겁을 내지 말고, 잠깐씩 올라오는 불안을 좀 지켜보는 것이 좋다.

"조금 있어봐. 불안해서 심장도 뛰고 있네!"

수시로 올라오는 불안에 대한 몸의 변화를 반영해 주는 것이다.

그렇게 하면 몸의 생리작용이나 면역력처럼 감정도 알아서 제자리를 찾아가는 자정작용을 한다.

병균을 소독하듯 철저하게 세상을 통제할 수는 없다. 침묵의 시기를 견뎌야 할 때도 있을 것이고, 하고 싶은 말로 손가락 끝이 간질거릴 때도 있을 것이다. 하지만 표현하지 않은 진심도 언젠가 전달되며, 위험해 보이는 순간들도 무사히 지나가게 됨을 알게 될 것이다.

[심리 TIP]

청결은 중요하지만 손이 헤어질 정도의 강박 증세라면 내면의 불안을 먼저 처리해야 함을 암시한다. 세균공포에 대한 불안 위계 목록표를 작성하고, 체계적 둔감화를 시켜보자.

---

7. 나는 어떤 불안일까, 불안 체크리스트

흔히 겪는 불안을 몇 개의 하위 내용으로 구성하였다. 불안을 진단하는 유형 검사라기보다는 하위 내용으로 구성된 주요 특징을 통해 불안에 대한 이해를 돕기 위한 것이다. 불안의 하위 내용 6가지를 소개하고자 한다.

① 특성 불안(1, 2 문항): 선천적인 불안은 언제 시작될까? 기질적인 경우처럼 엄마 뱃속에서부터 불안했던 경우이다. 아기 때도 밤에 잘 깨고 예민했다면 기질적인 부분을 생각해 볼 수 있다.

② 외상 후 스트레스 장애(3, 4 문항): 어떤 사건으로 인해 정신적 외상(trauma)을 입었을 때 나타나는 불안으로 유사한 상황에서 불안과 분노를 보이거나 악몽을 꾸는 일이 많다.

③ 공황 장애(5, 6 문항): 불안으로 인해 숨쉬기가 곤란하거나 질식에 대한 두려움, 죽을 것 같은 불안이 나타난다. 특히 밀폐된 곳, 사람이 많은 장소 등에서 많이 발생한다.

④ 사회 불안 장애(7, 8 문항): 발표를 하거나 무대에 서는 것을 두려워하며, 사람 만나는 것을 회피하여 사회생활을 포기하기도 한다.

⑤ 범불안 장애(9, 10 문항): 6개월 이상 지속적으로 불안을 경험 하며 불안과 초조와 같은 긴장 상태가 불안을 가중시킨다.

⑥ 특정 공포증(11, 12 문항): 고소 공포증과 같은 장소(높은 곳, 에 스컬레이터, 수영장), 동물(닭, 새), 병원균, 어둠 등에 노출될 때 공포를 비합리적으로 느끼는 것을 말한다. 예전에 놀란 경험 이 수반되는 경우도 있다.

여기에 소개하는 '불안 체크리스트'는 불안의 하위 내용 6가지 를 중심으로 DSM-5(정신 장애 진단 및 통계 편람)와 논문을 참고하 여 문항을 구성하였다. 평소에 걱정과 두려움이 많다면 '불안 체 크리스트'를 한번 해보자.

〈불안 체크리스트〉

문항	내용	응답				
		전혀 아니다	그렇지 않다	보통 이다	그런 편이다	매우 그렇다
1	남들은 대수롭지 않은 일을 예민하게 해석해서 지레 겁을 먹는다.					
2	어려서부터 사소한 일에 잘 놀라고 두려움이 많다.					
3	예전에 겪었던 극심한 충격사건과 비슷한 상황에서 두려움을 가진다.					
4	고통스런 사건에 대해 자주 생각하며, 그에 대한 분노와 악몽을 꾼다.					
5	갑작스러운 두려움으로 숨이 가쁘고 질식할 것 같은 느낌이 든다.					
6	가슴이 답답하고 숨이 막혀 죽을 것 같은 두려움을 느낀다.					
7	사회적 상황이나 활동에 극심하고 지속적인 두려움이 있다.					
8	무대공포, 발표불안이 심해서 그런 상황은 되도록 피한다.					
9	최소한 6개월 이상 지속되는 심한 불안과 걱정으로 초조해한다.					
10	평소에 불안 때문에 긴장과 과민한 기분 상태일 때가 많다.					
11	강한 공포와 지속적인 두려움이 있다(높은곳, 폭풍, 바이러스,동물 등)					
12	특정 자극에 노출되면 불안해서 공포상황을 되도록 피한다.					

※ **채점 방법**: 문항의 내용을 읽고 '전혀 아니다'(1점) – '매우 그렇다'(5점)에 표시를 한 후 총점을 내서 문항수인 12로 나누면 평균값이 나온다. 하위내용 중에 어느 부분의 점수가 상대적으로 높은지 살펴보면 자신이 느끼는 불안의 특징을 파악할 수 있다.

| 마음을 품어주는 심리처방전 |

1. 불안 낮추기 기법

▶ 1단계: 긴장 이완 훈련

- 손을 무릎 위에 놓고, 눈을 감는다.

- 복식 호흡을 3번 한다. 횡격막을 부풀리듯 길게 숨을 들이 쉬고, 입을 약간 벌리고 '후' 하고 길게 내뱉는다.

▶ 2단계: 불안 위계목록표 작성

- 불안의 강도를 1~10으로 표시한다.

단계	불안유도 상황	정도(1~10)
상	임원진과 관리자들 앞에서 프리젠테이션 한다.	10
중	회사 부서원들 앞에서 프리젠테이션 한다.	5
하	친한 동료 앞에서 프리젠테이션 한다.	2

▶ 3단계: 체계적 둔감화

- 불안 자극: 불안 단계(하 ---> 상)의 '불안 발생 상황'을 상상 (각 단계 5초씩)

- 불안 소거: 긴장 이완 훈련(복식호흡)

2. 우울한 마음을 극복하는 '시 처방'

▶ 1단계: 시 낭송

▶ 2단계: 모방시 쓰기

- 동일시(마음에 닿는 단어나 문장 선택)와 카타르시스(기분이나 감정 이입) 발문법을 통해, 자신의 시로 재저작한다.

나무들

William Carlos Williams / 곽소현 번역

네 작은 진회색 언덕 위에 있는
구부러진 검은 나무,
밤의 끝없는 정상을 향해
터무니없이 한 발짝 올라섰구나
심지어 너 몇 개의 회색 별들마저
거친 실타래의 어렴풋한 멜로디 위로
끌어당기는구나.

네가 북풍의 매서운 수평선에 부딪혀
안간힘을 쓰며 나올 때 굽어져,
_____거기 아래 네가 있구나
얼마나 쉽게 포플러의 길고 노란 음이
내려가는 음계로 올라가는지,

각 음계는 자신의 자세로 안전하구나
_____독특하게 짜인 채로.

모든 목소리는 기꺼이 어둠의
무거운 콘트라베이스에 맞서
섞이지만 너만은
열정적으로 자신을 한쪽으로
기울게 하는구나
간절함으로.

출처: William Carlos Williams, *Al Que Quiere!, A Book of Poems*
[EPUB], Project Gutenberg, 2016.

3. 우울한 마음을 극복하는 '에픽테토스'의 명언

▶ '지금 그대 안에 있는, 최상의 자아가 아닌 누군가가 되어 보
려는 갈망을 이제는 멈춰라. 그것만큼은 네 뜻대로 할 수 있지
않은가.'(조현, 그리스 인생 학교, 휴, 2013).

_____

_____

_____

_____

_____

▶ 이 명언이 자신에게 주는 의미는 무엇일까요?

_____

_____

_____

_____

_____

확실해요!
당신은 소중한 사람입니다

3장

나도 모르는 사이, 찾아온 우울

3장

나도 모르는 사이, 찾아온 우울

1. 기운이 없다면서 출근한다

입사 4년 차인 은영 씨는 낮에는 직장 생활 밤에는 대학원에 다닌다. 지금의 커리어에 안주하지 않고 대학원에 다니며 나만의 경쟁력을 지닌 회계사로서의 꿈을 키우고 있다. 업무와 공부를 병행하다 보니 하루 고작 다섯 시간 정도를 자며 버티는 생활을 이어나가면서도 현재 상황에 안주하면 안 될 것 같은 조바심에 쫓기는 기분이다. 그러다 2년 전부터 손과 발등에 아토피로 발진이 심하게 올라오기 시작했다. 두통에 시달리는 날도 많아져 잠을 못 자고, 스트레스가 많은 날은 피부 발진이 더욱 심해진다.

마음이 아픈데 몸이 아픈 것, 신체화 증상이다

우울증이라고 모든 사람이 무기력한 것은 아니다. 은영 씨처럼 남들이 알아차리지 못할 정도로 평상시처럼 직장일과 공부까지 잘 해내는 사람들도 있다. 그 한계를 넘어서면 아토피와 두통 같은 신체화 증상을 통해 우울증임을 알게 된다.

과로해서 체력이 방전되고 마음도 우울 상태가 되는데 '번아웃(burnout)'으로 오인하기도 한다. '번아웃 증후군(burnout syndrome)'의 가장 큰 특징은 직업(학업)으로 인한 '탈진, 불합리한 보상, 저조한 효능감' 등의 세 가지이다. WHO는 ICD-11에서 '번아웃 증후군'은 우울증과 달리 의학적 질병은 아니며, 다른 생활영역이 아닌 업무 상황임을 명확히 했다. 2022년 1월 1일부터 효력이 발생하는 번아웃 증후군은 국제질병표준분류기준(ICD-11)에 '만성적 직장 스트레스 증후군'으로 정의했다 (2019.05.27).

'번아웃 증후군'을 방치하면 우울증으로 발전할 수 있지만, 우울증과는 다르다. 우울증은 업무뿐 아니라 일상생활에서의 우울감과 함께 다양한 신체화 증상, 그리고 자살과 같은 극단적인 선택까지 갈 수 있으므로 주의를 요한다.

은영 씨의 경우 힘든 감정을 억압해서 생긴, '신체화 증상(somatorform disdorders)'으로 봐야 한다. 신체화 증상은 마음의 병을 몸의 병으로 치환시키는 심인성 질환이다. 끊임없이 무언가에 도전하는 사람은 뇌가 각성되어야만 살아있다고 느낀다. 일종의 일중독 상태다. 도파민이 흘러나와 뇌가 흥분된 상태를 유지하기 위해 습관적으로 일에 매달린다. 일이 없으면 공연히 불안하고 우울해한다.

이처럼 뇌는 원래 습관대로 유지하려는 '항상성(homeostasis)'의 특징이 있다. 아파서 일을 줄여놓고도 그 공백을 견디지 못해 취미나 모임으로 스케줄을 빽빽하게 만든다.

은영 씨는 상담 시간에 "저는요, 꼭 살아남아야 돼요."

이 말을 자주 했다.

그녀는 남들에게 뒤쳐질까 늘 불안해했다. '살아남는다'는 말은 누군가와 비교할 때 쓰이는 말이다. 다른 사람이 가진 것을 부러워하면서 스스로를 속박하지 말 것, 그리고 스스로를 놓아줄것에 대해 직면했다.

타인과 비교가 아닌 자신을 갇힌 세계에서 빠져나오게 하는 절박함이라면 좋다. 현재의 남루한 상황에서 벗어나고자 하는 열망이 필요할 수도 있다. 문제는 절박함이 성장의 동력이 되기도 하지만, 무리하면 역효과가 난다는 점이다.

따라서 자신의 한계를 인정하고, 할 수 있는 것과 없는 것의 '적당함'이란 선을 찾아가야 한다. 잘 되는 날에는 욕심을 내고, 안 되는 날에는 초조하기 때문이다. 있는 그대로의 자신을 받아주는 것이 필요하다.

불안해서 무리하게 되는 것이고, 거기에 연연하면 끝내 탈이 날 수밖에 없다. 일의 강박이 있는 사람들은 흔히 '쉬는 것은 나태함이다'라는 공식을 따른다. 팍팍한 현실을 탈출하려고 일이 목표가 되면 조금의 여유도 없다. 한방에 되는 일은 없으며, 오늘 쉰다고 큰 문제가 발생하는 것은 아니다.

기계를 망가지기 직전까지 쉬지 않고 돌리고, '왜 고장이 났지?'라며, 기계 탓을 하는 꼴이다. 마음도 한번 고장이 나면 고치는 데 시간이 많이 걸린다.

활력을 찾기 위해 무언가를 시작하는 것은 좋지만, 한꺼번에 여러 개를 한다는 것은 하나도 만족이 없다는 뜻이다. 일의 성취가 자신을 재는 유일한 잣대가 되어서는 안 된다.

쉬어야 활동 호르몬 도파민이 분비된다

일과 학업을 병행하는 것은 누구에게나 한계가 있다. 두 가지를 다 해야 할 형편이라면, 좀 더 중요한 것에 집중할 필요가 있다. 1인 3역을 하는 슈퍼우먼 중에는 일, 육아, 새로운 도전을 위한 학업 등을 한꺼번에 하다 지쳐 쓰러지는 일이 있다.

네 우울의 이름을 알려줄게

고정순 작가의 그림책 〈가드를 올리고〉(만만한 책방, 2017)는 3분의 권투 경기 장면을 그려냈다. 빨간 주먹과 검은 주먹의 권투경기에서 빨간 주먹은 다시 가드를 올리고 경기는 계속된다. 단 3분이지만 3분 안에 산을 오르고 커다란 바위를 만나고 저 가파른 언덕만 올라가면 시원한 바람이 불까?라는 끊임없는 의심 가운데 걷는다.

가드를 힘차게 올리려면 반드시 쉼이 전제되어야 한다. 활동 호르몬 도파민은 쉴 때 분비된다. 열심히 하는 것도 좋지만 먼저 마음을 돌볼 여유가 있어야 한다. 급한 일을 끝내고 쉬려하지만, 다시 급한 일이 생기기 마련이다. 펀치가 계속 날아올 때 잠깐 쉬어 주어야 가드를 올릴 수 있다.

가드를 올리기 위해 쉬는 것이므로 게으른 게 아니다. 아침마다 물기 먹은 솜뭉치같이 몸이 무겁다면, 주말이나 휴가 때 몰아서 잠을 자 두는 것도 방법이다. 회사만 다니는 게 재미없다면 색다른 경험 하나 정도는 필요하다. 하지만 무리해서 몸과 마음이 상할 정도라면 잠깐 멈추어야 한다. 아무리 좋아하는 것이라도 무리하면 '노동'이 된다.

기운이 없다면서 출근하는 것, 오늘날 직장인들의 일상이다. 무기력한지도 모르고 '전혀 우울하지 않아. 단지 무리해서 몸이 좀 아픈 거야'라며 합리화하지 말자.

끝없이 이어지는 매일의 빡빡한 스케줄에 밀려 늘 우울한 상태라면 객관적인 원인 파악이 중요하다. 일 할당량과 업무 분담을 조율해나가야 한다. 스케줄 조정이 불가능하다면 주말에는 쉰다는 것을 생각하며, 마음을 가볍게 만드는 것이 좋다. 다시 월요병이 시작되겠지만 현재를 즐겨야 한다. 퇴근길에 마사지숍에 들러 뭉친 근육을 풀며 스르르 잠이 드는 것을 상상하는 것도 도움이 된다.

[심리 TIP]

나의 성장을 위해 무리하며 달려왔는데 다그침으로 인해 오히려 마음이 아프다면, 나를 위한 '게으름 데이'를 만들어야 한다. 어떻게 시작할지 막막하다면, 일단 메모장에 나만의 '버킷리스트'를 써보자.

네 우울의 이름을 알려줄게

2. 웃음을 방어기제로 쓰는 이유

수연 씨는 직장에서 선배가 인상을 찌푸리고 있는데, 분위기를 전환시켜보겠다고 농담을 던지거나 혼자 흥분해서 소리 내어 웃다가 웃음보가 터진다. 가끔 개그가 통하기도 하지만, 산만하다는 말을 듣는다. 상황에 맞지 않게 웃다 보니 오해가 많았다. '사람이 가볍다, 우리 회사의 왕따'라고 싸하게 말할 때는 모멸감을 느낀다. 자존심 때문에 사람들 앞에서는 아무렇지 않은 척 웃지만 집에 와서 혼자 운다.

감정처리 기능에 고장이 났다면

상황에 맞는 행동은 분명 있다. 직장 생활하는 데 중요한 요소이기도 하다. 하지만 수연 씨처럼 그게 잘 안될 때 본인의 괴로움은 말로 다 할 수 없다. 차가운 시선을 견디며 비참한 지경으로 몰아넣고 있기 때문이다.

사람들과 관계 맺는 것, 부정적인 감정들을 다루는 것은 쉬운 것이 아니다. 때로는 분위기 맞추려다 관종이 되기도 하고, 상황에 맞지 않는 감정 표현 때문에 오해를 사기도 하는 것은 왜일까. 단순히 사회성 부족일 수도 있지만, 남들의 오해를 사면서까지 상황에 맞지 않게 웃거나 흥분하고, 화내는 것이 반복된다면 감정처리 기능에 뭔가 고장이 난 경우이다.

좋고 싫음을 느끼고, 그때그때 솔직하게 표현하는 것이 누군가에게는 암담하다. 자신의 존엄성을 지키는 것은 최소한의 자기 감정에 솔직해지는 것이다. 무시를 당하면서도 어쩔 수 없이 웃으며 비참해질 필요는 없다.

감정을 억압하는 것은 수연 씨처럼 어른에게만 있는 일은 아니다. 상담 중에 만난 아이들 중에는 부모가 야단을 치는 상황에서 억지로 웃는 표정을 지어 불편한 상황을 모면하려는 것을 종종 보게 된다. 웃음은 퇴행하게 하는 일종의 방어기제이다.

유머와 웃음을 직업으로 승화시킨 사례도 있다. 영국 출생인 찰리 채플린은 불우한 어린 시절을 보냈으나, 많은 영화에 출연하고 때로는 직접 연출도 하며 슬랩스틱 코미디의 대가로 자리 잡았다.

특히 그의 대표작 〈모던 타임즈〉(1936)에서는 산업화로 인한 자본주의 사회에서 기계의 부품처럼 전락한 사람의 모습을 해학으로 꼬집는다.

'웃음'은 일종의 퇴행 작용이며, 치유 효과가 있다. 걱정거리를 내려놓고 천진난만하게 웃으면 긴장이 풀린다.

다만, 한 번씩 제정신으로 돌아와 자신을 직면할 필요가 있다.

웃음의 방어기제, 알고 쓰면 된다

심각한 분위기가 싫어, 농담으로 모든 대화를 한다는 사람들에게 나는 종종 이런 질문을 한다.

"농담으로 계속 말이 이어지기는 하나 봐요?"
그러면 대부분 그럴 수밖에 없는 마음을 토로한다.

"불안해요. 그런 상황이… 심각한 게 제일 싫어요."

실제로 상담실에 오는 내담자들 중에는 종종 실없는 농담을 하고 나면 공허하다는 말을 한다. 그럼에도 불구하고 농담에 기대는 이유를 찾지 못해 절박한 표정으로 나를 바라본다.

두려운 감정이 몰려올 때 상황을 판단하는 이성적인 뇌는 작동을 멈추고 감정을 주관하는 변연계가 작동하기 시작한다. 그러면 실제 상황보다 더 불안해하거나 공포를 느끼게 된다. 농담을 하는 이유는 불편한 감정이 못 올라오게 미리 차단해버리는 것이다. '유머 방어기제'라고 한다.

상대방의 말에 반응할 준비가 안됐거나, 불편한 주제를 거르고 싶은 마음에 대화 주제의 급속한 전환이나 농담으로 해결하는지 자신의 내면을 들여다보는 게 좋다.

유머를 어떻게 쓰느냐가 중요하다. 상담실에 내원하는 중년 남자들 중에는 '바른 말만 하는 아내가 사감 선생님 같아 숨 막힌다'고 말하는 경우가 있다. 아내가 처음부터 그렇지는 않았을 것이다. 돈은 벌어오지만 다정함을 찾아볼 수 없는 로봇 같은 남편과 살다 보면 아내 역시 마음을 닫고 싸늘해진다. 대부분 이런 부부들은 정서적 교감이 부족하다며 해결 고리를 찾고 싶어 한다.

그런 부부들을 많이 만나면서 나는 상담실이 치료의 공간이지만 즐겁고 행복한 공간이 되기를 바랐다. 진지한 시간의 중간에 숨 쉴 공간을 만들어주는데 유머만큼 좋은 게 없다. 실제로 경험적 가족 상담 학자인 사티어(Satir)는 유머 기법을 상담에 많이 활용하였다. 유머는 긴장완화 효과를 주기 때문에 문제를 객관적으로 볼 수 있는 융통적 시각이 생긴다.

때로는 진지한 상담만큼이나 우스갯소리를 하며, 농담을 주고받는 상담이 효과가 있다. 나의 경우 내담자 과거 상처의 무의식을 다루고 난 후, 높아졌던 긴장을 유머로 마무리 짓는다.

"어릴 때 얘기 좀 해주시겠어요?"

라고 상담사가 과거 이야기를 끄집어내더라도, 준비가 덜 됐다면 솔직하게 말하는 것이 좋다.

"오늘은 무거운 얘기 말고, 가벼운 얘기 좀 해보고 싶어요."

JTBC 드라마 〈나의 해방일지〉(2022)에서 지루하고 우울한 일상을 살아가는 구씨(손석구)와 미정(김지원)의 캐미가 생기는 단계에서 이런 대사가 나온다.

"가짜로 해도 채워지나?
이쁘다, 멋지다.
아무 말이나 막 할 수 있잖아.
말하는 순간 진짜가 될 텐데…"

구씨의 말에 미정은 이렇게 말한다.
"모든 말이 그렇던데.
해봐요 한 번. 아무 말이나."

가끔은 농담을 핑계 삼아 진심을 얘기해 보자. 우울한 날에는
상대방에게 제안해 보는 것도 좋다. 오늘은 울적하니 서로를 웃
겨주자고.

[심리 TIP]
심각할 때 웃으면 가벼운 사람이 되고, 슬플 때 웃으면 불쌍한
사람이 된다. 괜찮은 척 웃지 말고, 슬프고 화날 때 울 수 있는
적당한 장소를 찾자. 그리고 가끔은 농담을 주고받을 수 있는
친구와 만나자.

3. 내가 더 불행하다고? 확증 편향

먼저 승진하더니 연봉 오르고 잘나가던 대기업 차장, 40대 초에 회사의 일 압박에 시달리다 우울 증세 때문에 회사에 사직서를 낸 진성 씨 얘기를 들어보자. 선배나 친구를 만나 신세 한탄을 하기도 하고, 하다못해 선배가 운영하는 술집에라도 취업해서 심신의 안정을 되찾고 싶었다. 그런데 선배의 태도는 의외였다.

"너처럼 잘나가는 애가 왜 여기 와서 그래?" 선배는 빈정댔다. 자존심은 구겨지고 하늘이 무너지는 것 같았다. 가까운 사이일수록 냉혹하다는 것을 깨달았다는 것이다.

연민을 기대했지만, 반응이 다르다면

"선배 가게 상태는 어떤가요? 어쩌면 나의 한탄이 선배에게는 그저 행복한 고민일 수 있어요."

진성 씨에게 상황에 대한 객관적 시각을 갖도록 질문을 했다.

나의 직면에 진성 씨는 결국 수긍을 했다. 핫플레이스라고 작은 술집을 차렸지만 코로나의 타격을 받아 임대료 내기도 빠듯한 선배 입장에서는 그럴 수 있겠다며 고개를 끄덕인다.

무언가를 포기하는 것이 내게는 선택이지만, 하루를 끙끙대며 버티고 있는 사람 입장에서는 사치일 수 있다. 누군가에게는 생사를 다투는 것일 수 있다는 점이다. 자기 연민은 문제 해결을 방해한다.

실망은 기대가 클 때 발생한다.

'선배니까, 친구니까, 부모니까, 애인이니까 당연히 이해해 줄 거야'라는 생각을 '확증 편향(confirmation bias)'이라고 한다. 확증 편향은 자신이 보고 싶은 것만 보고, 나머지 정보는 무시하게 된다.

현실을 살아가는 데 있어서 누구나 힘든 것이고 정도의 차이가 있을 뿐이다. 나 좀 도와달라고 도움을 요청한 대상이 실상은 나보다 더 힘들게 살고 있을 지도 모른다. 표현을 안 할 뿐이지 누가 더 힘든 지는 재보지 않고는 알 수 없다.

그러니 섭섭해할 필요가 없다.

'그저 힘든 얘기 좀 했을 뿐인데…'

그럴 수 있지만 나보다 더 힘든 사람에게 하는 하소연이라면 문제는 달라진다.

'편한 사이니까…'라는 이유로 숨을 헐떡이는 사람에게 돌을 던져서는 안 된다.

그들 입장에선 나는 부러움의 대상일 뿐이다. 마치 잘 익은 사과가 아직 덜 익은 사과에게 와서 "난 잘 익었지만 나도 힘들다고…"라고 말하는 것과 같다.

물론 연봉이 높고, 집이 있고 심지어 외제 자동차가 있어 남들의 부러움을 한 몸에 받고 살아도 마음은 힘들 수 있다. 정신건강에 다양한 요인들이 영향을 미치기 때문이다. 직장인들에게 직무환경은 매우 중요하다.

실제로 순천향대 직업환경의학과 교수팀은 야간 및 교대 근무 근로자들이 주간 근무 근로자에 비해 우울증의 위험이 높다는 연구결과를 발표했다. 특히, 여성 교대 근무 근로자가 남성보다 우울증 위험이 더 높은 것으로 나타났다(한국일보, 2022.01.20).

이처럼 직무환경에 따라 우울증 발병이 증가하므로 그에 대한 대책이 필요하다. 코로나 역시 우울증 유발의 환경적 요소이다. '코로나 블루'라는 용어가 말해주듯이 무기력, 분노 폭발, 고립감으로 인한 우울감을 호소하는 사람이 많았다.

반면에 내향성이 강한 사람들 중에는 집에서 일을 하는 것이 집중도가 높고, 평소 사람에 대한 불편감 때문에 줌이나 지면으로 회의하는 것에서 자기주장이 더 쉬웠다는 상반된 의견을 보이기도 한다.

통장 잔고보다는 희망 잔고 바라보기

코로나 시기에 두 명의 대학생을 입학시키고, 아이들의 대학 낭만을 빼앗겨버린 것을 생각하면 분노가 치미는데 방법도 없고 막막하다는 부모들이 더러 있었다. 막막함은 환경을 통제할 수 없는 상태에서 생기는 감정이다. 당장 상황 변화를 기대할 수 없을 때의 답답함은 이루 말할 수 없다.

하지만 그런 때일수록 '지금의 환경에서 내가 할 수 있는 것은 뭐지?'라고 묻는 것이 중요하다.

한 가지라도 긍정적인 요소를 찾는 것이 필요하다.

같은 맥락에서 돈이 없어 막막하고, 답답해서 돈을 벌려고 주식시장에 뛰어드는 사람이 늘어나고 있다. 미소 씨도 마찬가지였다. 미소 씨는 '희망 없음'이 가장 무섭다.

"주식도 기본 자금이 있어야 하는데요?" 나의 질문에

"엄마에게 맡겨두었던 300만 원을 찾아와 시작했으니 손해 볼 것도 없어요"라고 한다. 어차피 내가 갖고 있어야 내 돈이 되는 것은 맞다. 성인으로서 경제적 책임을 지는 연습은 필요하다.

미소 씨는 약간의 꿈이 생긴 것 같아 뿌듯하다며 목소리 톤이 높아졌다. 아직 개미의 설움을 벗어나지 못하고 있지만, 손가락이 마비될 정도로 애쓰고 있다고 한다.

'뭔가 하고 있으니 그린라이트다.'

오랜만에 제자에게 안부를 물었다.

"요즘 뭐하고 지내요?"라고 물으니 실업자라고 한다. 이처럼 자신을 부정적인 인격체로 규정짓는 것이 정신건강에 가장 해롭다. 차라리 "요즘 좀 쉬고 있어요"라는 식의 행동으로 묘사하는 것이 좋다.

제자는 학습지 교사를 하며 정신없이 살고는 있지만, 자신의 목표는 대기업 취업이니 실업자나 마찬가지라는 것이었다. 대기업 입사시험에서 몇 번의 고배를 마시고 잔뜩 화가 나 있었다. 나는 다른 시각에서 볼 수 있도록 '리프레이밍(reframing)'을 해주었다.

"실업자라니… 지금 뭔가 하고 있잖아요?"

"그런가요? 교수님, 저 그러면 실업자는 아닌 거죠?"
라며 헤헤 웃는다. 분노의 감정이라도 품어주면 가라앉는다.

그렇다. 내일을 기다리느라, 오늘을 놓치면 안 된다. '취업만 되면, 이 문제만 해결되면…'이라며 미루지도 말자. 불완전한 상태이므로 오늘은 소중하다.

[심리 TIP]

답답해서 직장이고 뭐고 '열중쉬어!'외치며 그만두고 싶을 때가 있을 수 있다. 하지만 힘든 시기야말로 나를 충전할 수 있는 절호의 기회다. 백화점 문화센터 전단지를 뒤적여 '원데이 클래스'라도 끊어보자.

네 우울의 이름을 알려줄게

4. 내 마음이 기우는 곳, 칭찬 욕구

영업사원인 지영 씨는 종종 분노를 폭발한다. 판매 실적 때문에 팀장에게 공격적인 질문을 받으면 화를 못 참고 그 자리를 박차고 나간다. 팀장에게 자기 능력을 보여주려고 살짝 신입사원 후배 실적을 가로채기도 했지만, 이 바닥이 어쩔 수 없다고 나만 그러는 것이 아니라고 생각하다가 창피하기도 하고, 회의가 든다. 성과 때문에 동료들과도 사이가 좋지 않다는 뒷말을 들을 때는 속상하다.

남을 이기는 사람 VS 나를 이기는 사람

사랑과 증오가 한 쌍이듯 공격과 방어도 한 쌍이다. 자신의 성과나 인정에 집착하면 동료들과도 삐걱거릴 수밖에 없다. 실적 때문에 감정선을 지키지 못해 반복적으로 누군가와 충돌하고 있다면 마음속을 한번 들여다봐야 한다.

무엇을 하든 욕심과 열정이 있어야 한다. 하지만 남이 잘 되는 것에 대한 질투는 자신의 능력에 대한 불안 때문이다. 성과에 대한 압박감이 크다는 것을 의미하기도 한다. 속상해도 인정할 것은 인정하고, 그다음 해결 방안을 찾아야 한다.

진짜 고수는 후배를 잘 가르쳐서 유능한 사원이 되게 하고, 직장에 오래 다닐 수 있게 배려한다. 후배가 기여한 부분이 조금이라도 있으면 실적에 이름을 같이 넣어준다.

'내가 안정이 되면 후배도 챙겨야지'라고 생각한다면, 그것은 거짓말이다. 제어하지 않으면 불안은 끊임없이 치고 올라올 것이다. 하나 양보한다고 끝장나는 것도 아니고, 후배와 함께 의기투합하면 결국 팀과 함께 자신도 성장할 것이다.

경쟁 분위기는 회사에만 있는 게 아니다. 대학생인 성규 씨는 영어를 잘한다. 습득력과 응용력도 좋아서 영어와 관련된 수업을 들으면 늘 좋은 성적을 받고, 교수에게 칭찬을 받곤 한다. 그런데 요즘 성규 씨는 걱정이 가득하다. 경쟁자 친구가 있기 때문이다. 최근 그 친구가 더 두각을 나타내면서 조바심이 생기고, 아는 것도 틀리고 점점 밀리는 기분이 싫다. 비교 집착은 결과가 더 나쁘다.

남들이 가진 건 다 가져야 하나? 편승효과

'남들이 가진 것은 나도 있어야 한다'는 것을 '편승효과'라 한다. 가난에 대한 극심한 불안이라기보다는 남보다 못하다는 두려움에서 잠시 벗어나고 싶은 것이다. 명품을 선호하고 1등을 조장하는 사회 분위기는 드라마에서도 잘 나타난다.

네 우울의 이름을 알려줄게

최근에 화제가 된 SBS 드라마 〈펜트하우스3〉(2021)에서 천서진(김소연)은 자신의 목표를 위해 어떤 일도 서슴없이 한다. 1등을 하기 위해 남에게 상처를 입히기도 하고, 누명을 씌우기도 한다. 그 마음 기저에는 아버지에게 인정받고 싶은 욕구가 있다. 최고가 아니면 봐주지 않는 아버지로 인해 본인이 1등이 아니면 몹시 불안해한다. 결국에는 자신이 되고 싶은 목표 때문에 아버지의 목숨도 외면하는 캐릭터가 된다.

있는 그대로의 모습을 보듬어 주었다면 이처럼 극단적인 캐릭터가 되었을까? 내면의 인정받고 사랑받고자 하는 마음을 보듬을 사람이 한 사람이라도 있었다면 하는 아쉬움을 갖게 된다.

미국 에모리대 사라 브로스넌과 프란스 드발 영장류 연구팀은 원숭이 한 쌍을 대상으로 실험을 했다. 원숭이가 작은 돌멩이를 실험 연구자에게 건네주면 두 원숭이에게 똑같이 오이를 준다. 둘은 아무런 불평을 하지 않고 오이를 잘 받아먹는다. 그다음 실험에서는 한 원숭이에게는 오이를, 다른 원숭이에게는 더 큰 보상물인 포도를 준다. 그러자 오이를 받은 원숭이는 돌멩이를 건네는 행동을 멈추고 오이를 내던지며 분노를 폭발하는 행동을 보인다.

그러나 더 큰 보상물을 받은 원숭이는 불만이 없다. 인정욕구는 공평함에 대한 기대에서 온다. 어쩌면 우리는 충분히 소유했음에도 불구하고 비교에서 오는 결핍감 때문에 불행한지도 모른다. 순서를 매기는 것에 집착하는 한 우리의 악몽은 사라지지 않을 것이다.

내게 없는 누군가의 소유를 부러워하다가는 감정선도 무너진다. 나는 나만의 것이 있으며, 부족하더라도 내가 가진 것에서 만족할 수 있어야 한다.

[심리 TIP]

뭔가 그럴듯한 것을 가진 사람들만 쳐다보는 것은 먼산만 바라보는 것과 같다. 잡히지 않는 타인의 것을 선망하지 말고, 내 안의 소중한 가능성에 정성을 쏟자. 내가 가진 소중한 것 'top5'를 노트에 적어보자.

5. 천 개의 가면이라도 벗어야 할 때가 있다

혜미 씨는 남자친구랑 영화를 보러 CGV에 갔다가 엘리베이터 문이 열리는 순간 3~4명이 들어오자 옷이 마스크에 닿는 느낌이 들면서 숨이 가빠지고 죽을 것 같은 공포감을 느꼈다. 남자친구가 안색이 창백해졌다며 빨리 내리자고 해서, 결국 계단을 이용해 밖으로 나왔다. 코로나 시기에 무슨 영화를 보자 해서 자기를 괴롭히냐며 남자친구에게 짜증을 내자, "너 너무 예민해. 그렇게까지는 아냐!"라는 답이 들려왔다. "그중에 확진자 있으면 어쩌려고!" 소리를 질렀다. 그 이후로는 회사 엘리베이터도 못 타고 매일 10층 계단을 오르내리니 남자친구의 권유로 상담실에 왔다고 했다.

숨쉬기 어려운 공황 장애, 왜 나에게

혜미 씨 정도면 대개는 '공황 장애' 진단을 받게 되는데, 밀폐된 공간이나 사람이 많은 곳에서 많이 발생한다. 코로나 시기에 마스크를 쓴 상태에서 숨이 가빠지는 증세가 심해 상담실을 찾는 사람이 많았다.

불안으로 인해 공황 증세가 발생하게 되는데, 다면적 인성 검사(MMPI)나 문장 완성 검사(SCT) 같은 기본적인 심리 검사를 통해 불안의 정도를 파악하게 된다. 코로나 시기에 촉발했을 뿐 평소에도 불안이 높은 사람들이 많다. 경기 침체에 대한 불안, 생활 스트레스나 관계에서의 애착이 불안정한 사람들은 더 심하게 나타난다.

코로나 자체보다도 그 이후에 가족들과 격리하거나 친구나 애인을 보지 못할 것이라는 것까지 불안은 꼬리를 물고 일어나기 때문에 더욱 힘들어한다. 불안은 우울, 분노, 슬픔… 이러한 여러 감정들로 연결된다.

'게티이미지 사진전 – 세상을 연결하다'(한가람미술관, 2021.12~2022.3)에서 바깥벽에 독특한 그림이 붙었다. 미국 영화배우 베티 퍼니스 (Betty Furness)와 스탠리 모건(Stanley Morgan)이 감염 예방을 위해 보호 마스크를 착용하고 키스신을 한 장면이다. 독감 대유행이 극심했던 1937년에 찍은 사진이라고 한다.

이제 코로나 이후 외부에서는 마스크 해제를 허용했지만, 여전히 바이러스에 대한 불안으로 마스크를 쓴 사람이 많다. 조금씩 적응하며 마스크를 쓰고 대중교통을 이용하다 지하철역을 나와야 겨우 마스크를 벗고 조금 편하게 숨을 쉴 수 있다. 집을 제외한 모든 공간에서 마스크를 착용하고 있어야 하니 답답하다고 다들 난리였다.

전 세계인들이 코로나를 함께 겪고, 이 고통은 더 이상 혼자만 겪는 일이 아닌게 되었다.

네 우울의 이름을 알려줄게

'나만 힘든 것 같다'는 생각까지 겹치면 더 불안하고 우울해진다. 그런데 코로나 이후에 사람들의 우울증은 증가했지만, 자살률은 감소했다는 연구결과가 있다. 최근 보건복지부가 발표한 '2021 자살예방백서'에 따르면, 2020년 자살 사망자 수는 잠정치기준 1만 3,018명으로 2019년보다 감소한 것으로 보인다. 재난이후에 1~2년이 지난 후 추이를 봐야 하겠지만, 나만 힘든 게 아니기 때문에 극단적인 선택을 하지 않은 것으로 해석할 수 있다.

대개는 재난이나 문제가 발생하면 불안을 해결하기 위해 자기도 모르게 과호흡이 일어난다. 이때는 일단 밀폐된 장소를 나와 밖으로 나가는 것, 밝은 장소로 이동하는 것을 의식적으로 해야 한다.

그럴 힘조차 없을 때는 단축키 1번에 가족이나 애인, 친한 친구를 저장하고 SOS를 해야 한다. 마음에 안정을 주는 사람의 목소리를 듣고 위기 대처를 따라 할 수 있기 때문이다.

기약 없는 불행 속에도 빛은 있다

자신의 감정을 숨기며 다른 사람 앞에서 가면을 많이 쓰는 사람들이 있다. 평소에는 사회성이 좋다는 이야기를 듣기도 하고 동호회 회장으로 리더십을 발휘하기도 한다. 남들에게는 쾌활하고 당당한 모습이지만, 실제는 예민하고 여린 성격을 숨긴 채 살아가는 사람들이 있다.

자신의 감정은 배려하지 않고 밀려가다 한계점에 도달하면, 강박증으로 인한 공황 장애가 발생한다. 숨이 잘 안 쉬어지는 느낌은 몸이나 근육의 긴장과 함께 마음도 위축시킨다. 기분이 우울한 상태에서 아무 생각 없이 몸의 자세를 바꾸지 않아 생기는 경우도 많기 때문에 알람을 정해놓는 것도 좋다. 한 번씩 자세를 바꾸거나 스트레칭을 해야 한다.

"~하면 안된다"라는 비합리적 사고가 많은 사람들은 공황 발작을 경험하기 쉽다. 같은 스트레스 상황을 더 크게 지각하기 때문이다. 사회 적응을 위해 천 개의 가면을 써도 된다. 가끔은 가면을 벗고 평범함으로 돌아가면 된다.

요즘 많은 사람들이 연예인들도 TV에 나와서 공황 장애를 겪었다고 얘기하는 것을 보면서 카타르시스를 느낀다.

'나만 그런 게 아니구나!'

"저렇게 잘난 사람도 아프네!"

"정신과 약은 나만 먹는 줄 알았는데…" 하면서 위안을 받는다. 빛나 보이는 사람도 힘들 수 있다는 것을 보면서 안도감을 느끼는 것이다.

진정한 자신을 만나고 싶다면 이제 멋지게 보이려고 썼던 수많은 가면을 벗을 때가 되었다. 심리적 마스크를 오래 쓰면 자신이 어떤 사람인지조차 감각이 무뎌진다. 좋아 보이는 누군가의 행동을 따라가거나 치장하게 된다.

　지나고 보면 자신에게는 필요 없는 것들을 끌어모았다는 것을 알게 되면 허무해진다. 그것들은 결국 사라질 것들이기에, 오늘 나를 가장 행복하게 해주는 것 하나를 선택하여 생활 속에 실천하는 것이 가면을 벗는 지름길이다.

[심리 TIP]

심리적 마스크를 쓴 채 세상과 단절감을 느낀다면 이제 벗어보자. 부정적인 생각이 들 때, "짧지는 않겠지만, 아주 길지도 않을 거야!" 스스로 진정시키는 말을 해주자.

6. 나도 모르게 스마트폰을 만지작거린다

지연 씨는 프리랜서로 중학생을 가르치는 수학교사다. 일주일에 3번 학원에서 가르치고 파김치가 돼서 집에 오면 만사가 귀찮고 재미가 없다. 휴대폰으로 SNS를 뒤적이기도 하고 유튜브를 보기도 하다가 이제는 애들과 친해지려고 게임을 배웠는데 학생들보다 더 자주 한다. '늦게 배운 도둑질이 무섭다' 했는가. 좋아서인지 습관적으로 그냥 하는 건지 모른다. 기분을 풀고 자기 위해 밤마다 울적한 마음을 달래다 보니 잠드는 데 시간이 꽤 걸린다.

스마트폰 의존은 아이들만이 아니다

요즘 아이들은 물론 성인들도 스마트폰 사용량이 늘고 있다. 손쉽게 화면을 터치하고 SNS에 들어가 수많은 정보와 교감에서 오는 만족감이 다른 것에 비해 쉽게 얻어지기 때문이다.

SNS는 빵지순례나 맛집을 찾는 여행 정보를 알려주는 개인 비서다. 유튜브에 푹 빠져 위로를 받고, SNS에서 일상적 공유를 통해 재미를 느끼는가 하면, 게임을 하면서 멍때리듯 하루의 피곤을 씻기도 한다.

하지만 휴대폰 속 게임은 달콤하고 유혹적이어서 정도가 지나치면 쉽게 중독된다. 현실과 가상의 경계도 모호해지면서 기계가 사람을 조정하고 있다.

'오늘까지만 하고! 내일은 진짜 끊는다!'며, 게임 앱을 지우는 결단을 하지만, 며칠을 못 넘기고 다시 하는 것을 보면, 끊기가 어렵다는 것을 알 수 있다.

2019년 스위스 제네바에서 열린 제72차 세계보건기구(WHO) 총회에서 게임중독을 질병으로 분류한 제11차 국제질병표준분류기준(ICD)안이 194개국 만장일치로 통과되었다. 게임중독은 다른 중독과 유사하게 도파민 회로에 작용해서 신경 적응 변화가 일어난다는 연구들을 근거로 물질중독과 행위중독의 유사점을 지적하고 있다(중독포럼, 2019).

현재 정신 장애 진단 및 통계 편람(DSM-5)에는 게임중독이라는 용어를 쓰지는 않지만 추가 연구가 필요한 진단적 상태로 분류되어 '인터넷 게임 장애(internet gaming disorder)'로 규정하고 있다.

게임을 못 하게 되었을 때 불안, 초조를 유발하는 정도가 심하면 금단 증상이 일어난다. 게임에만 한정되는 것이 아니라 휴대폰 역시 사용량이나 강도가 세져야 만족감을 느끼다 보면 내성이 생기기도 한다. 사용 조절에 실패는 아이들뿐 아니라, 교사, 부모들과 같이 누구에게나 나타날 수 있는 현상이다.

엄마가 우울해서 스마트폰을 의지하고, 그 시간 방치된 아이들은 산만이나 분노조절 장애와 같은 문제를 드러내기도 한다. 스마트폰 중독 관련 연구에서도 증명되고 있다. 어머니의 스마트폰 중독 경향성 하위 요인 중에서 병적 몰입과 생활 장애가 유아의 자기조절력에, 병적 몰입과 통제 상실이 유아의 공감 능력에 부정적 영향을 미치는 것으로 나타났다(장혜림, 정희정, 2021).

스마트폰 의존이 아이들의 전유물이 아닌데는 성인들도 스트레스를 풀만한 무엇이 별로 없다는 것이고, 내적 공허감이 많다는 것을 의미한다.

SNS의 긍정요인은 적당한 호기심

아이들은 말할 것도 없다. 엄마의 잔소리만 귀청을 때리지 않으면 된다는 생각으로 버틴다. 아이들과 부모의 갈등 중에 스마트폰으로 인한 갈등의 비중이 높다.

"밤새 스마트폰이야?"

일단 살아야 하니 엄마의 잔소리 정도는 무시한다. 스마트폰에 집착하는 청소년시기는 게임이나 SNS로 소통을 원하는데, 성인이 되어도 지속되는 경우가 많다.

특히 요즘에는 '메타(meta)'와 현실 세계를 의미하는 '유니버스(universe)'의 합성어로 3차원 가상세계를 의미하는 메타버스(metaverse)까지 합세했다. 가상공간에서 역할놀이를 하고, 가족을 만들며, 밝고 좋은 모습뿐 아니라 어둡고 습한 자신의 본래 모습도 표출한다. 현실 세계에서와 달리 받아들여짐에서 오는 충족감이 있다. 아바타를 통해 자신의 상징적 존재감을 뽐내는 청소년들이 많다.

"만나면 다 드러나잖아요. SNS는 조금 가려주는 느낌이 있어 좋아요." 이런 말을 서슴없이 하면서도 쑥스러워 한다.

아직까지는 직접 사람을 만나서 교감하는 것이 좋다는 것을 그들도 아는 것 같다.

휴대폰은 작은 컴퓨터이며, 들고 다니는 만능 엔터테이너다. 잠깐 휴대폰을 손에서 떼어내면 불안해하는 스마트폰 의존자들도 늘고 있다. 메시지가 왔는지, 부재중 전화가 와있는지, SNS에 '좋아요'가 몇 개 달렸는지 알려준다. 심지어 스케줄표까지 실시간 알려주는 최고의 비서지만, 너무 의지하지는 말자. 하루에 2시간 이상 하고 있다면 스마트폰 의존의 위험수위를 넘어서고 있는 것이다. 처음에는 달지만 나중에는 중독이라는 쓴 물을 마셔야 한다.

소통을 위해, 우울한 마음을 달래기 위해 스마트폰을 하지만, 손에서 스마트폰을 잠시만 떼도 불안한 강박 증상까지 나타나면 끊기가 어렵게 된다. 또한 밤을 새워 게임을 하여, 몸과 마음이 탈진되기도 한다.

자신의 SNS 게시물에 '좋아요'에 목숨을 걸기도 하고, '인싸'가 되는 자신의 SNS 계정을 보면서 뿌듯해도 된다. 단, 강박적이 되어가는 것이 겁난다면 적당한 선에서 멈춰야 한다.

"사랑받는 느낌, 인정받는 느낌을 다른 데서는 못 받아 봐서인지, 마약 같아요."

이처럼 말하는 내담자들을 보면, SNS를 통해 얻게 되는 연결감이 굉장하다는 것을 알 수 있다. 시공간의 제약을 뛰어넘는 비현실감의 환상적 요소가 더해져, 실제 직접 보는 것보다 페이스톡이나 줌으로 만날 때가 더 좋다고 말하는 사람들의 심리를 확인하게 된다.

누구에게나 마음을 안아주는 것들이 하나씩은 있다. 인공지능 시대에 새로운 것에 대한 갈망과 호기심은 필요하다. 즐기되 '가상공간에서의 나'와 '현실에서의 나'에 대한 차이를 정확히 아는 것이 필요하다.

앞으로는 현실 세계에서와 가상 세계인 메타버스의 두 세계에서 균형을 이루며 사는 것을 대비해야 한다.

[심리 TIP]

스마트폰이 주는 위안과 SNS가 주는 연결성은 분명 있다. 하지만, 하루 30분, 주말 1시간 등 시간을 정해놓아야 스마트폰 의존까지 가지 않는다. 인터넷신문, 웹툰, 웹진, 웹소설, 전자책 등 디지털 매체가 대세지만, 하루 종일 스마트폰을 놓지 못하는 날에는 종이책을 집어 드는 식으로 전환시키는 것도 방법이다.

7. 슬퍼서 우는 게 아니다

은이 씨는 완벽을 추구한다. 대학교에서 과제를 제출할 때도 모든 것에서 자신의 기준을 채워야 제출할 수 있다. 만족하지 못해 제출일이 되어서야 겨우 제출한다. 그렇게 3년을 버티던 은이 씨는 결국 휴학을 했다. 남들은 다 잘 하는 데 왜 나만 그러나 싶고, 연약해 보이는 자신이 싫고, 자꾸 눈물이 난다.

완벽주의와 완벽은 다르다

'살아내는 것이 아니라, 그냥 살아가는 것이다.'

완벽주의로 인한 두려움에 무기력이 더해져 책을 읽을 수도 과제를 완성할 수도 없는 상태가 되어 휴학을 선택하는 학생들이 종종 있다. 자신을 신뢰하지 못하는 데서 오는 결벽증일 수 있다.

꼼꼼하게 완성도를 높이는 게 뭐가 잘못이냐고, 묻는 사람도 있지만, 분명 완벽주의와 완벽은 다르다. 적당한 선에서 멈출 수 있느냐의 차이라 말할 수 있다.

대학생들에게 가장 큰 현실은 학교생활이다. 하지만 수강하는 모든 과목에서 과제와 시험, 발표에 있어 완벽을 추구한다면 어떻게 될까? 과제는 밀리고, 불안과 우울감이 엄습해올 것임에 틀림없다. 제출기한을 넘기거나 밤새워 정보를 가득 채운 리포트지만 정리가 안된 채 제출하게 될 것이다.

교수 입장에서는 조금 부족하더라도 기한 내에 받기를 원한다. 정보는 조금 부족해도 자신이 감당할 만큼 정돈해서 내면 충분하다. 100%가 아닌 조금 부족한 상태에서 멈출 수 있는 것도 불안을 대처하는 방법이다. 부족하기 때문에 친구 도움도 받고, 기한 내에 제출이 어렵다면 교수에게 사정도 하고, 모르는 것은 질문도 하면서 사회생활을 배워나가야 한다.

사회는 완벽한 사람보다는 소통하면서 발전하는 사람을 선호한다. 완벽하려는 노력은 필요할지 모르지만, 완벽주의는 실수에 대한 두려움이다. 자존감이 약하고 불안이 많은 사람들에게서 나타난다. 평소에 감정을 억압했다가 눈물이 터져 나오면 당황하게 된다.

이런 일은 일상생활에서도 나타날 수 있다. 원룸에 사는 초희 씨는 주인아주머니의 말 한마디에도 가슴이 콩닥거린다고 했다.

"보증금 올려야 할 것 같은데 얘기 좀 해요."

살아가면서 이사도 해야 하고, 계약도 해야 하는데 늘 마음을 졸인다면 세상이 험난해진다. 말을 들어보고 감당할 수 있는 선에서 협상하면 되는데 미리 두려움이 몰려온다면 평소 불안이 많은 것이다. 관계에 대한 자존감은 학력과도 무관하다.

'내 말을 안 듣고 무시할 것이다.'

이와 같이 자신의 말을 수용하지 않을 것이라는 '비합리적 신념'이 있는 것이다.

스스로 논박하는 연습이 필요하다

"최악의 경우 방 빼는 일밖에 더 하겠어?"이렇게 생각하면 된다.

자신을 공격하리라는 것에 지레 겁을 먹는 경우, 우울할 수밖에 없다. 초희 씨는 힘든 상황이 생길 때마다 끊임없는 생각으로 베갯잇을 적시며 운다고 한다. 세상 사는 게 버거워 우는 데, 마음은 슬프다고 표현하는 경우도 많다. 힘들어서 울든, 마음먹은 대로 안돼서 울든, 우는 것은 어느 정도 마음의 정화작용에 도움이 된다.

보편적으로 완벽주의 사람들은 나약한 모습을 보이기 싫어하고, 억압된 감정 때문에 잘 울지 않는다. 어떤 상황으로 인해 어쩔 수 없이 우는 눈물이라도 마음 건강에 도움이 된다. 눈물은 퇴행 작용으로 자신의 억압된 감정을 만나게 한다.

미국 사우스 플로리다대 연구팀은 사람들이 눈물을 흘린 사례 3,000건을 모아 분석한 결과, 눈물을 흘린 후에 기분과 심리 상태가 개선됐다는 연구 내용을 2009년 미국심리과학회가 발행하는 '심리과학저널'에 발표했다. 실험 참가자들은 눈물을 흘리는 동안 점점 호흡이 느려지는 진정 효과를 보였으며, 스트레스도 줄었다. 또 이후에는 눈물을 흘린 상황을 긍정적인 순간으로 기억했다(동아일보, 2015. 7.17).

슬퍼서 우는 게 아니다. 자신의 감정을 만나니 좋아서 우는 것이다. 일본에는 눈물치료사라는 직업이 있다. 눈물은 세로토닌을 증가시키는데, 울고 나면 편안해지는 이유이다.

힘들 때 어깨를 빌려주는 것, 안아주는 직업이 심리 상담사가 아닌가 하는 생각이 요즘 많이 든다.

가수 이하이의 '한숨'이라는 노래에 이런 가사가 있다.

'당신의 한숨
그 깊일 이해할 순 없겠지만
괜찮아요
내가 안아줄게요'

긍정단어 몇 개로 시작해 보자

감정의 구멍은 가시 돋친 누군가의 한마디에 터지지만, 선택의 여지가 없을 때 막막해질 수밖에 없다. 다른 직장을 알아보라는 사장의 말에도 놀란 가슴을 쓸어내려야 하며, 통장 잔고는 없는데 연봉협상 때마다 지켜져야 할 약속이 비껴갈 때가 그렇다.

학자금 융자의 이자가 쌓여가고, 보증금에 월세는 오르며, 모아놓은 돈은 없는데 펑펑 돈 나갈 데가 생기면 불안은 급격히 올라가게 된다. 늘 겪어왔을 터이고 예상했던 일이라도 돈 문제가 걸리면 맥이 풀리기 마련이다.

그럴 때 누군가 하는 서운한 말 한마디는 다리에 힘이 풀리게

만든다. 경제 주체자로서, 스스로를 먹여살리는 것이 작은 일이
아니다. 가난하면 할 수 있는 게 별로 없기 때문이다.

아네스드 레스트라드 작가의 〈낱말 공장 나라(세용, 2009)〉라는
그림책이 있다. 이상한 나라가 있다. 돈을 주고 낱말을 사서 삼
켜야만 말을 하는 나라이다. 주인공 필레아스는 너무 가난해서
세 개의 단어밖에 없다. 그 단어로는 사랑을 고백할 수도 없다.

가난이 왜 슬픈지를 잘 보여주는 책이다. 사람은 희망이 안 보일 때 뭐든 포기하고 싶어진다. 하지만 단어 몇 개로 시작하면 된다. 그래도 충분히 알아듣는 사람을 만나 시작할 수 있다.

[심리 TIP]

낮에 들은 가시 돋친 한마디 때문에 밤잠을 설칠 때, 그럭저럭 하루를 버틴 자신을 다독이자. 잠이 안 올 때는 마지못해 뒤척이는 것보다 차라리 적극적으로 뒹굴거리면 죄책감은 안 생긴다.

| 마음을 품어주는 심리처방전 |

1. 우울한 마음을 극복하는 '시 처방'

▶ 1단계: 시 낭송

▶ 2단계: 모방시 쓰기

- 동일시(마음에 닿는 단어나 문장 선택)와 카타르시스(기분이나 감정 이입) 발문법을 통해, 자신의 시로 재저작한다.

우리는 가면을 씁니다

Paul Laurence Dunbar / 곽소현 번역

우리는 미소를 짓고 거짓말하는 가면을 씁니다.
가면은 우리의 뺨을 가리고, 눈을 그늘지게 합니다.
이것은 인간의 속임수에 대한 대가입니다.
찢기고 피 흘리는 심장으로 우리는 미소 지으며
무수히 교묘한 말을 할 것입니다.

세상이 우리의 눈물과 한숨을 헤아리는데
왜 민감하겠습니까?
아니요. 세상이 그냥 우리를 보게 하십시오.
우리가 가면을 쓰고 있는 동안.

우리는 미소 짓지만, 오 위대한 그리스도여,
고통받는 영혼으로부터 당신을 향한 울부짖음이 있습니다.
우리는 노래 부르지만, 우리 발아래
진흙은 악하고 길게 펼쳐져 있습니다.
그러나 세상이 달리 꿈꾸게 내버려 두십시오.
우리는 가면을 씁니다.

출처: Paul Laurence Dunbar, *The Complete Poems of Paul Laurence Dunbar [EPUB]*, Project Gutenberg. 2012.

2. 우울한 마음을 극복하는 '솔로몬'의 명언

▶ '우는 것이 웃는 것보다 낫다. 얼굴은 얼룩져도 마음은 깨끗이 씻어준다.'(메시지 구약 시가서).

_____

_____

_____

▶ 이 명언이 자신에게 주는 의미는 무엇일까요?

_____

_____

_____

확실해요!
당신은 소중한 사람입니다

4장

우울을 벗어나기 위한 관계개선법

4장

우울을 벗어나기 위한 관계개선법

1. 확실해요. 당신은 소중한 사람이에요

혜민 씨는 카페에서 바리스타로 일하고 있다. 요즘 계속 바닥
치는 기분이다. "손님 앞에서 말투가 왜 그래요?" 팀장에게 안
좋은 소리를 들으면 바로 나락으로 떨어지면서 우울하다. 커피
로스팅을 완벽하게 해놓는 날엔, 다른 것으로 팀장이 트집을
잡는 바람에 화가 난다. 그런데 속 마음과 달리 사표를 내면서
"제가 부족해서 그만 둘래요"라고 했다. 갑작스러운 혜민 씨의
사표에 팀장도 당황해서 말을 잇지 못했다는 것이다.

인정받는 것보다 소중한 당신

일하면서 인정받고 돈도 벌면 좋다. 하지만 마음대로 안 되는 것이 사회생활이다. 자존심이 상할 때도 있고, 감정적으로 사표를 쓰고 나와 후회하기도 한다.

혜민 씨 역시 자신을 알아주지 않는 팀장에게 화가 났지만, 좋은 인상은 남기고 싶어 자신이 부족해서 회사를 그만둔다고 반대로 말하고 억울해 하는 것이다. 이 상황을 심리적으로 '반동형성'의 방어기제라고 한다. 싫어하는 사람에게 지나치게 친절한 것 역시 '반동형성'의 예이다. 속으로 미워하는 감정을 억압하니 과잉 친절로 속이는 것이다. 일종의 심리적 가면을 쓰는 것이기도 하다.

이처럼 혼란스러운 감정을 인지하지 못하면, 마음과는 다른 행동이 나온다. 자기가 부족해서 그만둔다고 내부 귀인을 하지만, 팀장에게 화가 나는 외부 귀인을 하며 양가적 감정을 갖게 된다.

유난히 남들로부터 안 좋은 소리를 들으면 감정이 곤두박질하는 사람들이 있다. '인정받아야만 한다'는 생각 때문에, 지적을 받으면 한없이 자괴감에 빠져든다. 인정에 매달리는 이유는 타인에게 인정을 받아야만 자기존재감을 느끼기 때문이다.

지속적인 비난에 노출되면 자존감이 낮아지는 것은 사실이지만, 거기에 휘둘려서는 안 된다. 타인의 평가는 언제든 변할 수 있기 때문이다.

극단적 이분법 사고, 완벽함이라는 오류

누군가 실수를 지적할 때, 자신을 미워한다고 생각하는 것은 '인지적 과잉 오류'라고 한다. '인지적 과잉 오류'에 빠지면, 상사가 작은 실수를 지적해도 '사표를 내라'는 것으로 극단적 해석을 한다. 사회적으로는 성인이지만 내면에 숨어있는 아이가 튀어나오는 것이다.

"팀장에게 인정받는 게 그렇게 중요한가요"라고 직면을 했더니
"순간적으로 욱했어요. 인정받지 않으면 미칠 것 같아요."

헨리 블랙쇼의 그림책 〈어른들 안에는 아이가 산대〉(길벗스쿨, 2020)에 나오는 어른들처럼 말이다. 어른이 되었지만, 자신도 모르게 불쑥 아이가 튀어나오는 경우가 있다.

자신도 모르게 튀어나오는 인정욕구는 '사랑받지 못한 과거의 나'이다. 그것을 채우기 위해 끊임없이 인정받으려 한다. 남을 의식하는 것을 '관중 효과(audience effect)'라고 하는데, 자신을 믿지 못하는 데서 온다. 사회적 동기와 보상에 관여하는 전전두피질과 복측 선조체의 이상 활성화로 관찰된다.

이것은 인지행동학자 아론벡(Aron Beck)이 말한 '인지적 왜곡' 가운데 '극단적 이분법 사고'에 해당한다.

'완벽해야 사랑받는다.'

'비난받으면 못난 사람이다.'

어른들 안에는 아이가 산대

헨리 블랙쇼 지음 · 서남희 옮김

길벗스쿨

너무 완벽하면 기계지 인간이 아니다. 조동성 서울대 명예교수는 AI의 가장 높은 단계는 '호모 에라투스(Homo Erratus)' 즉, '실수를 하는 인간'의 단계라고 말한다. 인간은 기계가 만들어낼 수 없는 감성과 정서를 지니고 있다. 기계가 따라올 수 없는 인간의 가치는 실수를 통해 성장한다는 점이다.

실수하면서 배우는 '실수 학습(error learning)', 얼마나 인간다운 말인가.

완벽한 사람은 없으며 모든 사람에게 사랑받는 사람도 없다. 자신의 실수에 민감하고, 미움받을까 전전긍긍하는 내담자들에게 내가 자주 해주는 말이 있다.

"자신의 존재감을 찾아가야 해요."

"당신이 좋아하는 게 뭔가요?"

뮤지션 아이유(IU)는 일찍 데뷔를 하고, 22살에 슬럼프를 겪었다고 한다. 자신을 못 믿고 자기혐오에 시달렸는데, 최고점을 찍은 시기였다는 점이다. 무기력으로 인해 하루 종일 먹는 것과 자는 것을 반복했다니 힘들었을 것이다.

전환점은 아이유가 25살에 타인의 평가에 연연하지 않고, 주도권을 자신에게 주면서부터이다. 스스로 프로듀싱을 시작하면서 낸 첫 번째 음반의 곡, '팔레트'는 히트를 친다. 뉴욕타임스 매거진에서 아이유를 '정서적 위안을 주는 아티스트'로 극찬을 한다(한국일보, 2018.03.12).

아이유 '팔레트'의 가사를 보면, 조목조목 자신이 좋아하는 것을 나열해나간다.

'이상하게도 요즘엔 그냥 쉬운 게 좋아
하긴 그래도 여전히 코린 음악은 좋더라
Hot Pink보다 진한 보라색을 더 좋아해
– 중략 –
이제 조금 알 것 같아 날'

가사에서 힐링이 된다.

[심리 TIP]
다른 사람은 기억도 못 하는 실수를 곱씹지 말자. 자신의 실수가 정 마음에 안 들면 이제부터 행동을 고쳐나가면 된다.

2. 거짓공감도 공감이다

"남 얘기 좀 그만해."
"아… 씨발, 너는 뭐, 그렇게 잘났냐고?"

지석 씨는 '남 얘기 그만 하라'는 여자친구의 말에 소리를 지르고야 말았다. 여자친구는 연락하면 언제든 달려오고, 만나면 식성도 맞고 술 취향도 딱이라 자주 만난다. 그런데 언제부턴가 여자친구는 푸념을 들어주다가도 제동을 건다. 이야기를 안 들어주면 자신도 모르게 화를 심하게 낸다. 그 일이 있고 나서 "우리 당분간 그만 보자" 여자친구가 홧김에 한 말인 줄 알았는데 연락이 없자 지석 씨는 불안해지기 시작했다.

과잉-과소 커플

이 커플은 '과잉-과소 커플'의 전형적인 예다. 여자친구는 해결사로서 지석 씨의 말을 다 들어주고 위로해 주는 역할을 해온 것으로 보인다. 그러다 보니 여자친구에게 더 의존하며 함부로 하여, 둘 사이의 정서적 경계가 무너지고 있었던 것이다.

지석 씨는 커플 상담을 통해 먼저 용기를 내어 여자친구에게 대화를 시도했다.

"요즘 내가 화를 자주 냈지? 이제부터는 남의 얘기 안 할게."

관계가 삐그덕 거릴 때는 이처럼 '관계에 대한 대화'인 '메타 커뮤니케이션'이 유용하다.

그러자 여자친구도

"네가 그럴 땐 나도 당황이 돼"라고 대답을 했다.

'나-전달법(I-message)'을 통해 그동안 쌓였던 감정을 풀어낸 것이다.

대화 패턴만 바뀌어도 관계가 회복된다. 잠깐의 오해는 풀릴 수 있다. 건강한 관계는 갈등이 없는 게 아니라, 풀어가겠다는 의지이다.

시인 김사람의 시집 〈나는 이미 한 생을 잘못 살았다〉(천년의 시작, 2015)에 '살4'라는 시가 있다. 일부를 소개하면 다음과 같다.

'당신은 언젠가 말했지
시는 붙잡는 게 아니라 놓아주는 거라고
포스트-잇에 시를 써
나비 날개에 붙였어
그 시를 해석하는 자는 죽을 거야'

여기에서 '시'는 타자이며 '당신'이고, '사랑'이라고 대입해 볼 수 있다. 그 사람을 다 알아버린 순간, 혹은 다 알았다고 판단하는 순간 그 관계는 시들해진다. 우리가 아는 것은 그 사람의 극히 일부일 뿐이다.

의존과 과잉 역할은 서로의 성장을 막는다. 호의가 권리가 되지 않기 위해, 적정선을 찾아가는 과정이 필요하다. 오해와 갈등을 통해 피 터지게 싸운 대상만이 내 사람으로 남는다.

호의라는 이름으로 선을 넘었다면 사과해야 하며, 미안하다고 용기 낸 사람에게 괜찮다고 넘어가 주는 센스도 필요하다. 역할을 바꾸어 하는 '사랑의 역할전이'라고 볼 수 있다.

거리를 두고 살았다면 안부를 묻는 것부터 시작해 보는 거다.

나의 워너비는 '당신'

관계에서 불안이 극심할 때가 있다.

"남친이 저녁에 갑자기 만나자 해요."

"저 딱 차일 분위기예요. 저 어쩌죠?"

재은 씨는 남자친구가 헤어지자는 말을 할까 봐 불안해서 한숨도 못 잤다는 것이다. 직장 가서도 손에 아무것도 잡히지 않고 죽을 것 같다고 했다. 조퇴하고 상담에 왔다. 결국 헤어졌는데 카페에서 창피할 정도로 눈물이 쏟아져 쪽팔렸다는 것이다.

"남자친구도 나름 노력했다네요. 겨우 6개월 만났는데… 감정이 요동쳐요. 왜 이러는 거죠? 세상이 끝난 것 같아요." 쉬지 않고 힘든 마음을 쏟아낸다.

짧게 만나도 이성 간의 만남은 급격하게 가까워지므로 이별의 아픔이 크다.

'상실의 무게를 감당하는 것은 사람마다 다르다.'

이처럼 친밀한 관계의 경계선이 많이 흔들리고 극심하게 감정이 요동친다면, 예전에 다른 관계에서 '버림받음'의 감정을 느꼈었는지 알아볼 필요가 있다.

분석심리학자 칼 융(Carl Jung)의 쉐도우(shadow) 이론에 의하면, 누구에게나 억압해온 마음속 '그림자'가 있다. 고통을 주었던 유사한 상황에 직면할 때 감정이 요동친다.

사랑은 보조를 맞추어 가는 것이다. 무의식의 '쉐도우'는 외롭다고 아무에게나 끌리고, 혼자 진도 빼다 상처를 입게 한다. 나의 워너비가 될 만한 사람을 찾는 것은 좋지만, 그것이 꼭 남자친구일 필요는 없다.

겉으로는 자신만만하고 일도 그런대로 잘 하지만, 가짜 자존감으로 무장한 여성들의 감정을 터치하다 보면 내면 속 얘기를 결국 털어놓게 된다.

"어릴 때 여리고, 무방비로 얻어맞았던 내가 생각나요"라고 한다.

자신도 모르게 감추어왔던 억울함의 감정을 토로하며 울기도 하고, 갈 때는 마음이 시원하다고 한다.

선을 넘는 것이 불편하다면, 둘 중 한 사람이라도 바로잡으면 된다.

뒤죽박죽된 관계 속에서도 힘든 자신을 도와달라는 외침을 해왔을 것이다. 누군가에게 상처를 입혔을 것이고, 자신도 상처를 입으면서 성장을 했을 것이다. 외롭고 힘든 가운데서도 부단히 애썼던 자신을 알아주어야 한다.

"나는 내가 고마워. 뭐든 했잖아."

이렇게 칭찬해 주면 좋겠다.

친구 좋은 점이 무엇인가. 어떤 말이든 할 수 있는 대상이 바로 친구 아닌가. 친구이기에 거짓 공감도 해주는 것이고, 결국 내가 지쳐있을 때 그것이 메아리가 되어 돌아온다.

[심리 TIP]

화가 났을 때는 펀치를 날려버리고, 해묵은 감정의 찌꺼기에 연연하지 말자. 대신 롤 모델을 자주 만나자. 바라보면서 스스로 답을 찾게 된다.

---

3. 꼭 첫 번째일 필요는 없어

미주 씨가 애인을 만나는 것은 행복하고 싶어서이다. 가끔 위로도 받고 싶고 어리광도 부리고 싶지만, 아기 같은 애인은 늘 징징댄다. 싸워도 먼저 사과하는 법이 없다. 애인뿐 아니라 친구, 엄마 할 것 없이 자기 주변 사람들은 이기적이고, 기대기만 해서 숨 막히게 한다. 항상 그들의 요구를 들어줬지만, 정작 내가 원할 때 그들은 달려오지 않는다. 그들에게 나는 왜 첫 번째가 될 수 없는지, 소중한 사람대접을 못 받는지 안 보고 살고 싶은데, 그럴 수도 없어 화가 난다.

'미안해, 잘못했어', 이제 그만하자

요구 많은 애인 때문에, 시기 질투하는 친구 때문에, 숨 막히는 가족 때문에, 삐걱거리는 침대 때문에…

따스한 말이 마음을 풀어헤치고 오르가슴으로 가는 전주곡이 되기도 하지만 그것도 가끔이다. 몸을 부비고 사는 가장 가까운, 버릴 수도 안고 갈 수도 없는 사람들이 있다. 오랜 기간 싸우지만 다툼은 번번이 무승부다.

"미안해, 잘못했어. 다시는 안 그럴게."

정말 소중한 말이다.

하지만 나 한 사람만 이 말을 반복하고 있다면 문제다.

서운함을 삼키듯 바로 접어버리게 되면, 억울함이 남는다. 상대방은 늘 사과만 하는 당신에게 '행동은 왜 변하지 않냐?'며 도리어 화를 낼 수도 있다.

관계는 대등해야 한다. 고칠 점도 같이 얘기하고, 사과도 같이 해야 한다. 관계가 깊어갈수록 상대방의 밑바닥도 보아야 하고, 미움과 분노와 같은 감정의 쓰나미를 거쳐야 한다. 그런 점에서 관계를 시작할 때 아파할 각오도 해야 한다.

친밀한 관계에서는 특히 사물을 보듯 상대방을 바라보고, 자기 자신의 감정을 들여다보는 것이 중요하다. 이것을 '감정의 객관화'라고 한다.

김금희 작가의 소설 〈너무 한낮의 연애〉(문학동네, 2016)에서 허무하고 특별할 것 없던 주인공 양희와 선배 필용의 관계가 갑자기 색채를 띠기 시작한다. 양희의 느닷없는 사랑고백 때문이다. 하지만 사랑이 닿을 무렵 오해를 낳고, 필용이 용서를 비는 상황이 발생한다. 양희가 필용에게 한마디 한다.

"선배, 사과 같은 거 하지 말고 그냥 이런 나무 같은 거나 봐요."

때로는 말보다 침묵이 사람에게 위안을 준다.

그리고 침묵은 관계 맺고자 하는 깊은 욕망에서 온다.

요즘 아이들은 부모에게 사과하라는 요청을 당당히 한다.

"사과하세요!"

인격체로서 존중해달라는 의미의 좋은 말이다. 하지만 '사과하라'

는 말이 상대방이 준비되지 않은 상태에서는 공격적으로 들릴 수 있는 말이다. 과거에 부모-자녀 위계가 철저했던 베이비붐 세대에게 자란 20~40대의 에코붐 세대들이 자녀들을 평등하게 키우고자 하는 열의를 보인다. 사회적 억압이 개인의 말 습관을 바꿔 놓는다.

'사과하라'는 말은 배려 받고 싶다는 의미이다. 그리고 '사과를 잘 못하기 때문에' 더 많이 강조하는 말인 지도 모른다. 타자를 향한 말들이 알고 보면 자신이 듣고 싶은 말이다.

'투명하게 자신을 보려면 일단 주어를 바꿔보면 된다.'

사랑이 잘 안되니까 강조하는 말.
"사랑을 하세요!"
자신의 분노를 해결하지 못해서 하는 말.
"제발 화내지 마세요!"
이렇게 바꾸어 말해보자.
"사랑을 하지 않아도 됩니다. 미워해도 돼요!"
"화를 내도 됩니다!"

이제라도 사랑받으면 된다

사랑과 인정욕구는 가장 원초적인 본능이다. 단 한 번의 확실한 사랑은 오직 신만이 가능하고, 우리 인간은 끊임없이 사랑을 확인받고자 한다. 엇갈린 시선, 하찮은 이기적인 욕망은 누군가에게 상처 주고 자신에게 부메랑으로 되돌아온다. 원하는 만큼 나의 욕망을 채워주지 않는 타자는 언제나 원망의 대상이 된다.

결핍에 대한 해답은 타자가 아닌 바로 자신 안에 있다. 누구에게나 무의식과 의식 상태의 자기상이 있다. 상담실을 방문하는 내담자들에게 '자기 이미지 상자(self image box)'를 꾸며보게 한다. 심리 외적, 내적 균형을 보기 위해서이다.

상자 겉과 안의 모양이나 형태, 색 등이 비슷한 경우도 있지만 대부분 상자 안팎은 확연한 차이를 보인다. 내부가 화려하고 강하면서도 울퉁불퉁하다면 외부는 축소된 모습으로 가지런히 정돈되어 있다.

내면에는 억압된 무의식적 감정들이 복잡하게 뒤엉켜 있지만, 외적으로는 초자아의 '바람직함'으로 살고 있는 경우이다. 딸, 직장인, 애인의 역할에 치중하느라 보살피지 못한 내면에는 불쌍한 자아가 숨어있다.

성찰을 하고 나면 대부분 마음이 시원하다는 말을 한다. 어떤 사람들은 눈물을 하염없이 흘린다. 이처럼 내면의 억압된 감정은 어떤 형태로든 비집고 나온다.

하지만 적개심과 분노로 들끓는 감정을 마구 표출하다 보면 역효과라는 것이 오늘날 연구의 정설이다. 분노조절 집단 상담에서 집단원들이 역할극을 하며 인형을 때리고 욕하는 식으로 하다 보면, 내면의 분노를 가중시킨다. 오히려 내면에 있는 분노의 거품을 한번 빼고 나서 자신이 감당할 만큼 표현하는 것이 좋다.

과거에 정서적 결핍감이나 상처를 주었던 부모를 미워해도 된다. 하지만 과거는 100% 나빴던 것만 있었던 것은 아닐 테니, 조금은 괜찮았던 지점의 기억을 되찾아오는 것이 필요하다. 그런 작업들이 어느 정도 해결되면 현재에 집중할 수 있다.

이제 소소하지만 새롭게 나의 마음을 채워주는 것들을 찾아가 보자.

여행, 맛집, 책, 게임, 낭만, 애완동물, 그리고 사랑하는 사람들.

거기에 '완벽함'이나 '첫 번째'라는 말만 빼면 된다.

1등 자리는 늘 불안하기 때문이다.

[심리 TIP]

가까운 사이라도 독점욕과 집착을 버리고, 적당한 거리를 유지하자. '상대방에게 혼자만의 시간 허용하기, 외로울 때는 안아 달라고 말하기'만 실천해도 두 사람 모두의 '윈윈(win-win)'효과로 좋은 관계를 오랫동안 유지할 수 있다.

4. 삶이 퍽퍽해도 낭만은 갖고 싶다

대학을 갓 졸업한 세영 씨는 아르바이트를 하고 귀가하면 12시가 넘는다. 원룸에 돌아오면 쓰러져 잔다. 악몽 때문에 하루 한 끼로 때우기도 하니 살이 쪽 빠졌다. 입사 공고가 나면 어디든 원서를 내고, 면접도 몇십 군데 보고 뛰어다녔지만, 최종에서 꼭 막혔다. 열심히 살았지만 패배감에 시달렸다.

"하루하루 버티는 게 그렇게 힘들 수가 없어요. 견디려고 안간힘을 쓰는데 나락으로 빠져드는 느낌이 싫어요."

버티려고 너무 애쓰지 말자

나름 준비했지만, 입사 시험에서 낙방을 계속하면 낙담하게 된다. 잠을 자도 악몽이고, 하루 한 끼를 겨우 먹으니 초췌해지는 것은 물론이다.

"버티려고 너무 애쓰지 말아요."

나의 이 말에 그녀의 눈에 눈물이 맺혔다. 그리고는 이렇게 내뱉는 것이었다.

"숨 쉬는 것조차 힘들었는데, 이제 알바라도 나가니 다행인 거죠?"

작은 것에 대한 시도를 지지해 드렸다.

그리고 나서 이전의 불안을 다루어주었다.

"수십 군데 원서를 내며 동분서주했을 때 마음은 어땠나요?"라는 나의 질문에

"불안하고 조급해서 허둥댔던 것 같아요"라며, 자신의 불안감을 토로했다.

불안한 마음을 인지하고 나면, 가당치 않는 높은 곳만 바라보지 않고, 자신의 실력에 맞는 곳에 시험을 치를 여유가 생긴다. 당장은 100% 만족하지 않아도, 일하면서 경험도 쌓고 다음 단계로 이동하는 것도 괜찮다. 잠재적 실업 상태라도 일단 통장에 돈이 조금이나마 들어오면 어두웠던 마음이 밝아진다.

무엇보다 내 감정이 받쳐줄 때와 지칠 때를 구별하는 것이 중요하다. 한 번에 되는 것 같지만, 다들 여러 번의 고배를 맛보고 그 자리에 있는 것이다.

삶이 지칠수록, 퍽퍽한 세상에서 버티기 힘들수록, 울음을 나눠가질 사람이 필요하다. 힘들 때 "나 좀 봐줄래요?"요청할 수 있어야 한다.

불합리하다고 느껴지는 관계를 계속하고 있다면, 내가 해준 만큼 돌아오는 것이 없고, 늘 공허하다면, 이제는 다른 곳으로 시선을 돌려야 한다.

편한 사이는 비밀이 없고 기대도 좋은 안락한 관계를 말한다. 가치관이 같으면 더욱 좋다. 꼭 돈이 많아야 행복한 게 아니다. 힘을 실어주는 관계를 통해 삶의 용기를 다시 가져올 수 있다.

세 가지 사례를 소개하려고 한다.

첫 번째, 연애 기간에 버려진 강아지를 구조하고 위탁하다가 입양해서 키우면서 결국 결혼에 다다른 나미 씨 커플 이야기다. 만약 둘 중 한쪽이 허용하지 않았다면 입양이 가능했을까?

→ *같은 곳을 바라보는 사람은 옆에만 있어도 든든하다.*

두 번째, 전설적인 할리우드 배우지만, 영화계 은퇴 후 유니세프 대사로서 인권운동을 했던 오드리 헵번 이야기다. 그녀는 암 투병 중이었던 인생의 암흑기에도 소말리아를 방문해 봉사활동을 하여 화제를 모았다.

→ *삶의 의미가 꼭 필요하냐고 반문하는 사람도 있지만, 있으면 힘든 하루를 버티게 된다.*

'미션이 없는 사람은 무기력에 빠지기 쉽다.'

자기 연민은 우울증에 걸리게 하지만, 타인을 향한 마음은 결국 자신에게도 용기를 준다.

꼭 연애가 아니어도 낭만은 필요하다

세 번째, 경제적인 사정으로 혼인신고만 먼저 하고 동거를 시작한 진규 씨 이야기다.

"남들은 치약 짜는 것, 양말 벗어놓는 것 때문에 싸운다는데, 신기하게 우리는 싸우지 않아요."

→ *이 커플은 결혼 조건이 아닌 낭만을 찾았기에 행복하다는 결론에 이른다.*

서로를 포용해 주는 사이에서 낭만이 나온다. 시인 진은영의 시집 〈우리는 매일매일〉(문학과 지성사, 2008)에 실린 '연애의 법칙'의 시 일부를 소개한다.

'너는 나의 목덜미를 어루만졌다
어제 백리향의 작은 잎들을 문지르던 손가락으로
나는 너의 잠을 지킨다'

'살아가면서 낭만이 없으면 삶이 퍽퍽하다.'
사회심리학자인 에릭슨(Erik Erikson)은 친밀감(intimacy)이 20~30대의 중요 발달 과제라고 한다. 여기에서 친밀감은 에로스가 많이 들어간 개념이다. 꼭 연애가 아니더라도 힘들 때는 정서를 잇는 연결고리가 있어야 한다.

가족이라도 기계적으로 살면 교감 부족에서 오는 헛헛함이 있다. 세끼 먹고사는 게 인생이 아니기 때문이다. 때로는 지쳐있을 때 누군가의 도움이 필요하다는 것을 인정하는 것이 필요하다.

상대가 아무리 마음을 주려 해도 내가 마음을 열지 않으면 인연은 닿지 않는다. 혼자만의 시간도 필요하지만, 마음을 보듬어 주는 사람을 곁에 두고 살자.

[심리 TIP]

관계를 새롭게 재편성해 보자. 나를 믿어주고 지지해 주는 사람을 가까이에 배치하자.

5. 혼자 살지만, 할 건 다 한다

주변 친구들은 다 결혼해서 애 낳고 잘 사는데, 자신을 보면
뭐하고 살았는지 모르겠다는 진경 씨는 한숨을 쉰다.
"결혼을 생각을 할 때 어떤 감정이 드시나요?" 질문을 했다.
그러자 눈물을 왈칵 쏟는다. 아빠가 한 번씩 "너는 왜 애인이
없는 거야? 결혼 안 하고 직장만 다닐래?"
이 질문을 할 때마다 명치끝이 아파온다고 한다.

연애든, 결혼이든 내가 하고 싶을 때 하면 된다

요즘 와이즈족(WISE: women who insist on single experience)이
인기다. 혼밥, 혼술, 혼영 등을 즐기며, 자신만의 독특한 문화를
창출하는 사람들이다. 혼자 하는 경험과 자신의 주체적인 삶을
중요시하는 것으로 꼭 경제적 독립이나 주거가 안정돼있지 않아
도 되는 라이프스타일이다.
'혼자 살지만 할 건 다 한다'라는 신념으로 재미있게 사는 싱글
족이 많다.
오래전 피겨퀸 김연아가 세계선수권대회 쇼트 프로그램 출전
을 앞두고 한 해외 매체와 인터뷰 도중 "남자친구 있냐?"는 질문
을 받고 어이가 없다는 표정을 지으며, "뭐라는 거야?"라는 뉘앙

스의 인터뷰를 보면서 속이 다 시원했던 적이 있다.

'나의 사생활에 쏟는 타인의 관심이 불편하면 무시하는 게 낫다.'

"연애든 결혼이든 내가 하고 싶을 때 해. 뭐가 어떻다는 거야"
라고 당당하게 말해도 된다.

2020년 한국청소년정책연구원의 '결혼 필요성' 조사를 보면,
'결혼해야 한다'는 질문에, 20대는 42.1%, 30대는 42.2%이다.
'결혼할 수도 있고 하지 않을 수도 있거나, 필요성 없다'의 응
답은 20대, 30가 각각 57.9%, 57.8%로 나타났다(국가통계포털,
2021).

'결혼을 반드시 해야 한다'의 당위성이 점차 감소하고 있음을
알 수 있다.

고대 로마의 시인 오비디우스는 '모든 것은 변한다. 그러나 어
떤 것도 사라지지 않는다'라고 했다. 세월이 가도 결혼제도는 존
재할 것이지만 점차 혼자 살기로 결정하는 사람이 늘고 있다.

2020년 여성가족부 가족실태조사를 보면, 20~29세는 '미혼'
91.3%, '배우자 있음' 8.2%이다. 30~39세는 '미혼'이 36.8%,
'배우자 있음'이 61.4%이다(국가통계포털, 2021).

통계상 20~30대 '미혼'의 비율이 높은 것은 평균 초혼 연령의
늦어짐과 자발적 비혼자의 증가 추세 때문일 것이다.

선택의 갈림길, 인지 부조화

"나에게 마지막 남은 하나의 퍼즐이 무엇일까?" 상담실에서 가끔 이런 질문을 한다. '버리기' 기법이다. 다 버리고 하나 남은 것을 선택하게 하는 기법이다.

30대 후반을 달리는 전문직의 미아 씨는 "결정적인 순간에 함께 할 내 편이 없다"고 말했다. 지금까지 결혼의 필요성을 못 느끼는 미아 씨에게 엄마는 "너 결혼 안 하면 네 재산 나중에 다 조카에게 간다"는 말에 기가 막혔다고 했다. '차라리 결혼해버려?' 그런 생각이 불현듯 머리를 스치더라는 것이다.

결혼을 안 할 수도 있고 조카를 자녀처럼 키울 수도 있다. 혼자여도 완전한 존재다. 그런데 미아 씨처럼 아쉬움이 남을 것 같다면 지금이라도 찾는 노력은 필요하다.

네 우울의 이름을 알려줄게

그레타 거윅(Greta Gerwig) 감독의 영화 〈작은 아씨들〉(2020)에서 첫째 딸 메그(엠마 왓슨)는 맏이로서 자신보다는 늘 다른 사람이 먼저다. 크리스마스 아침에 네 딸들이 가족들의 아침식사인 파이를 들고 가난한 이웃집으로 향하는 장면은 청교도적 삶을 보여주는 대표적인 장면이다.

메그는 배우의 꿈을 접고 가난한 남자의 아내로서 살아간다. 그런데 소설에서는 영상만큼 그렇게 행복한 장면만 나오지 않는다. 신혼의 단꿈에 빠져있던 메그는 행복을 방해할 어떤 것도 없다 생각하지만, 아무 때나 직장동료를 데려오는 남편 앞에 속수무책으로 무너진다. 그럼에도 가정을 유지해나가는 비결은 무엇이었을까.

심리학자 페스팅거(Leon Festinger)의 '인지 부조화(cognitive dissonance)' 이론으로 설명할 수 있다. 사람들은 심리적인 일관성을 추구하려는 경향이 있다. 생각과 행동이 불일치하면 혼란스러운데, 이때 행동의 변경이나 취소가 어렵기 때문에 생각이나 태도를 바꾸어 심리적 불편감을 해소하려는 것이다.

즉, '부조화'인 '심리적 불편감'을 최소화하기 위한 것이다. 살아가면서 우리는 많은 선택을 한다. 작게는 생활용품을 사거나, 취미를 선택하는 것에서부터 크게는 진학, 직업, 애인, 배우자, 집의 선택까지 다양하다.

자의로 결정했다 해도 시간이 흐르면서 실망하거나 후회를 거듭하게 된다. 자주 우울하고, 종종 무너지며, 가끔은 되돌리고 싶을 때 어떻게 해야 할까.

　이때 '인지부조화' 기법이 유용하다. 되돌릴 수 없다면, 자신의 선택을 믿어보자.

[심리 TIP]

누군가를 만나 이전보다 행복해지고 있다면 계속 만나야 할 사람이다. 하지만 외롭다고 아무나 만나면 괴로움이 하나 더 늘게 된다.

6. 소심, 다르게 말하면 작고 소중한 마음

은규 씨는 여자친구와 티격태격 작은 다툼이 많다. 크게 싸우지 않고, 평소에 조심하는데도 사소한 싸움이 크게 번진다.

"PT샘이 너무 강하게 밀어붙여 힘들어."

"살도 빼고 좋지 뭐. 너 요즘 살쪘어."

길거리에서 엄청 크게 소리를 지르고, 말 다 했냐며 핸드백으로 가슴을 밀치며 감정 조절을 못해 크게 싸웠다. 말실수는 인정하지만, 그렇게까지 화낼 일인지 부쩍 예민해져 있는 여자친구에게 무슨 일이 있나 싶어 걱정이 된다.

자극과 반응의 시간, 2~3초

대부분 커플들이 싸우는 이유는 아주 사소한 말실수에서 시작된다. 말을 품격있게 하는 것이 쉽지 않다. 말은 마음속 감정이나 가치관을 그대로 드러내기 때문이다. 숨겨도 할 수 없는 것이 바로 말이다.

평소에야 뭔 문제가 있겠는가. 부쩍 예민해진 여자친구가 기질상 예민인지, '번아웃' 상태인지, 어떤 상황 때문에 우울증이 왔는지 관심을 가져야 한다.

비난에 앞서 사소한 말 습관을 고쳐나가고, 상대방이 예민해져 있을 때는 내가 좀 져주는 것도 좋다. 특히 가까운 사이일수록 갈등상태가 되는 것을 피하기 위해 긴장의 연속일 수밖에 없다. 신경 쓰느라 신경전을 벌이게 된다.

인지행동학자들에 의하면, 동물들은 아름다운 노래와 현란한 깃털로 유혹하는 시기인 구애의 시기에만 긴장하면 된다. 동물과 달리 인간은 매 순간 상대방을 관찰하고 반응한다고 한다. 긴장의 연속일 수밖에 없다.

끊임없이 '자극-반응'을 하는데, 짧은 시간에 아주 정밀하고 빠르게 일어난다는 점이다. 그 사이는 불과 2~3초도 안된다. 이처럼 모든 인간은 쉴 새 없이 인식(perception) 하고 반응(reaction) 한다.

보통 사람들은 필요 없는 정보들을 무시한다. 반면에 자존감이 낮거나 우울한 사람들은 모든 자극을 거르지 않고 받아들여 과부하가 걸린다.

특히 우울증 상태에서는 부정적인 것을 확대해서 해석한다. 사소한 말인데도 자신을 싫어하는 것으로 인식하거나 무시하는 것으로 받아들인다.

예민해져 있을 때는 '힘내'라는 말 한마디에 빈정이 사고, 조언이나 위로의 말도 공격적으로 들린다. 유튜브의 유명 강사들의 강의도 소음이 될 뿐이다. 그럴 때는 조금 거리를 두는 것이 필요하다.

갈등 상황은 늘 발생한다. 사람도 컴퓨터처럼 '로그아웃' 해버리면 얼마나 좋을까.

이때, 두 가지만 기억해도 좋다.

'소용돌이치는 감정에 즉각 반응하지 말 것.'

'잠시 거리를 두고 그냥 바라볼 것.'

동시에 처리하려다 엉켜버린다. '자극과 반응 사이'에 2~3초의 간격을 잊지 말자.

때로는 관계에도 반품이 필요하다

작은 일에도 감정에 날이 서고 예민해진다면 이유를 찾아봐야한다. 편치 않은 감정들이 과거에 데였던 어떤 사건들과 겹친 것은 아닌지 생각해 보면 좋다. 그런 자신의 상황을 상대방은 알리없고, 솔직하게 표현한다면 서로 간에 오해가 없어진다.

"과거 상황과 겹쳐서인지, 내 마음이 편치 않아요!"

그 말을 듣고 화낼 사람은 없다.

오히려 솔직하게 자신의 감정을 드러내며, 먼저 손 내밀어 준것에 대해 고마워할 것이다. 갈등도 오해도 없는 관계는 없다. 그것을 풀어가려는 의지가 중요하다.

한 사람만의 잘못은 아니다. 상대방의 감정을 알아차리지 못한사람이나 감정을 삭히며 숨겼던 사람이나 놓친 부분을 찾아나가야 하는 숙제가 있을 뿐이다.

십시일반(十匙一飯)이란 말이 있다. 허술한 사람들이야말로 서로를 도울 때 시너지는 엄청나다. 자신의 부족함을 인정하기 때문이다. 완벽한 두 사람이 만나면 저 잘났다고 날마다 쨍그랑거리는 소리가 난다.

'세상이 내가 원하는 대로 돌아가야 한다'는 생각만 버려도 수월해진다.

뜻대로 되는 일이 얼마나 있나. 오히려 상처만 남기고 떠난 사랑, 갑작스러운 이사, 감기와 고열에 시달리며 괴로워하기도 한다. 마트에서 방금 산 맛있어 보이는 과일이 집에 오면 왜 샀나 고민하고, 수거함에 내버린 옷을 뒤늦게 후회하기도 한다.

'왜 나는 남들처럼 반품을 당당하게 요구 못하지?'

관계에도 대가가 따르는 것이고, 그만한 가치가 있는지 질문을 해봐야 한다.

'계속 무시하는 사람들은 이제 반품할 수 있어야 한다.'

더불어 자신도 완벽하지 않은 한 인간임을 인정하는 것이 필요하다. 우울한 날엔 감정의 날이 서고, 과거의 상처가 건드려지면 소심한 모습이 된다는 사실을.

[심리 TIP]

자신이 소심하다면 이런 식으로 최소한의 기준을 정해놓는 것
이 좋다.

- 섣부른 충고를 듣기 싫다면 애초에 도움을 요청하지 말 것.
- 누군가에게 마음을 털어놓았다면 그 사람의 조언을 반쯤은
  존중해 줄 것.

7. 처음 해보는 일의 강렬함, 초두 효과

규현 씨는 요즘 직장에서 어이없는 실수가 잦다. 기획안을 다음번 프로젝트 파일로 잘못 보내지를 않나, 마감 기한을 착각해 위기 상황에 빠지기도 하고, 그런 일이 종종 발생하니 겁이 났다. 위염과 두통으로 시달리기도 하고, 멍해지는 날이 많아 정신을 바짝 차리고 싶은 마음에 태어나 처음 노란색으로 염색을 하고, 짧게 커트를 했다. 그러고 나니 조금 집중이 되고 실수를 덜하는 것 같긴 한데, 잘 하고 있는 건지 모르겠다고 한다.

매일의 새로운 경험, 첫사랑 같은 것

입시를 앞두고, 혹은 군대 가기 전에 미리 머리를 빡빡 깎고 심기일전으로 마음을 가다듬는 경우는 자주 있는 일이다. 일종의 행동 수정으로 어느 정도 마음의 균형을 맞춰주는 긍정적 효과가 있다.

심리학적으로 '초두 효과(primacy effect)'라고 할 수 있다. 첫인상 관련 연구에서 사용하는 심리학 용어인데 처음의 정보가 뒤의 정보보다 더 큰 영향을 미치는 것을 말한다.

처음이라 더 강렬하게 기억되는 것들이 있다. 첫사랑, 처음 가본 바다, 처음 갔던 장소, 처음 해봤던 것들이다. 초심으로 돌아가

보는 것이다. 처음의 설렘을 현재의 삶으로 끌고 오는 것이다. 우울감이 있을 때 매일 새로운 경험을 하는 것이 회복에 도움이 된다.

첫사랑 같은 강렬한 경험과 기억은 뇌의 편도체가 관여한다. 그곳에 좋았던 감정이 저장되어 있으면 쾌감을 느끼면서 무기력과 우울에서 벗어나는 효과와 함께 마음을 안정시킨다.

책상을 깨끗하게 정리하는 것, 하다못해 안 입는 옷이라도 버리는 작은 실천이 마음을 회복하는 에너지가 된다. 실제로 우울증에서 회복되어 갈 때 안 하던 화장을 하고, 깔끔하게 옷을 차려입고 상담실에 나타난다. 이때 상담사들은 내담자가 에너지가 올라왔다는 것을 바로 알아차리게 된다.

그러니 억지로라도 마음을 새롭게 하는 행동을 하면 좋다.

과거의 실수에 과몰입하면, 실수 장면만 계속 떠오르는 '플래시백' 상태가 된다. 실제로 우리는 변해가는 애인의 마음, 배우자의 늘어진 뱃살, 권태로운 성격을 견뎌내고 있고, 층간 소음으로 취약한 집에서 아슬아슬하게 살고 있다. 재미없다면서 취미생활을 몇 년째 하고 있으며, 말썽만 부리는 자녀를 '금쪽같은 내 새끼'라고 말한다.

실수의 줄타기를 통해 완성되어 가는 것이다. 처음부터 잘하고, 뭐든 수월하게 해내는 사람은 없다. 워너비들도 수많은 실수와 좌절을 겪었을 것이며, 우리는 그들의 결과물만 보고 있는 것이다.

'실수하면 어때, 괜찮아!'와 같이 뼈 때리는 칭찬을 스스로에게 해주자.

절대 안 할 것 같은 행동해 보기, 반동형성

마음의 환기를 위해 휴가를 내어 새로운 여행지에서 며칠 기분 전환을 하거나, 안 해 본 것을 해보는 것도 좋다.

잘 모르겠으면 '나라면 절대 안 할 것 같은 것'이 뭔지 주변 사람들에게 물어보는 것도 좋다. 심리학 용어로 '반동형성'으로, 일종의 충격요법이다. '반동형성'은 우울증 상담에서도 많이 쓰는 요법이다.

실수를 걱정하는 사람에게, "실수하고 오세요!"와 같이 과제를 내주기도 한다.

하지만 의지적으로 잘 안되고, 멍한 상태가 지속되면 투약의 도움을 받는 것도 좋다. 우울은 한 번에 낫는 병이 아니다. 금전적 어려움, 갑작스러운 이사, 이혼, 가족의 죽음과 같은 극도의 스트레스 상황에서는 언제든 재발할 수 있다.

한동안 잘 살았는데, 갑자기 몸이 이곳저곳 아픈 신체화 증상을 보이거나 평소 화를 잘 안 내는 사람이 주변 사람에게 분노를 폭발하고, 다시 자책하는 일의 반복하는 등, 증상은 조금씩 다르게 나타난다. 이때 우울증이 또다시 찾아왔다는 것을 인지하는 것이 좋다.

우울을 겪는 이들은 매우 열심히 살면서도 자신을 못 믿는다. 우울증을 겪는 이들의 공통된 특징 중 하나가 자책과 자기검열이다.

상담실에서 만난 전문직인 40대 시영 씨 역시 자책이 심했다.

"마흔을 넘으면 불혹이라는데, 마음이 흔들리고 싶지 않아요."

"마음이 흔들리지 않는 것은 어떤 걸까요?"

나는 명료화 질문을 통해 구체적인 마음을 탐구하기로 했다.

"남 탓하지 않는 거요."

그동안 지켜봐왔던 그녀는 자기보다는 남을 챙기고 자신 탓을 많이 해왔다. 부정적인 감정에 늘 시달리고 우울증까지 생겨 상담을 받고 있는 중이다.

"그동안 내 탓만 해왔는데, 이제부터 남 탓하지 않겠다고요?"

그렇게 직면을 했더니 빵 터지며 실토한다.

"그러네요. 제가 반성이 취미고, 자책이 특기에요."

"이제 내면의 말도 들어주고, 자신에게 좋은 말도 해주세요."

자기 전에 칭찬거리 3개를 찾아 쓰는 과제를 내주었다.

특히 성과를 내야 하는 상황에서 불안이 많다. 내가 가르치는 대학생들도 취업과 스펙이 연결되니 성적에 매우 민감하고 걱정을 많이 한다. 출석처리는 잘 되고 있는지, 리포트를 제출하고도 파일이 제대로 열리지는 않을까 걱정하거나, A 학점을 맞고도 A⁺를 못 맞았다고 자책한다.

자책이 계속 든다면

"이제 그만하자, 괜찮아!"

라고 스스로에게 '타임아웃(time out)'을 해주면 효과가 있다.

[심리 TIP]

불안해서 머뭇거리다가 다 놓쳐버린다. 어느 분야든 선점하는 사람들은 남들 신경 안 쓰고 가볍게 용기를 냈을 뿐이다. 엄밀히 말해 시작하지 못하는 것이 실패다.

8. 우리 만나서 밥부터 먹을까요?

은정 씨는 함께 밥 먹을 친구가 없다. 마음이 편하지 않은 사람과 밥을 먹으면 체할 것 같고, 밥을 같이 먹고 싶은 친구는 늘 바쁜 것 같아 슬프다. 거의 혼밥, 혼술인데 어떨 때는 좀 우울해진다. 가끔 밥이나 술을 먹는 친구가 생기면, 외롭고 슬픈 마음이 좀 나아질 것 같다.

밥이 단순한 구강기 욕구는 아니다

은정 씨는 외로움, 슬픔의 감정에 휩싸여 있다. 언젠가부터 밥 먹을 친구가 없다는 것을 알게 되었던 것이다. 그렇다면 인생의 우선순위에서 친구가 밀렸을 가능성이 있다.

밥 먹는 친구, 술같이 마시는 친구, 섹스하는 친구, 일 도와주는 친구, 여행 함께 가는 친구가 있을 것이다. 이 모두가 가능한 종합세트 친구도 있겠다. 이 중에서 하나만 택한다면 밥 친구가 소중하다. 밥은 단순히 입만 즐겁게 하는 게 아니라 관계의 욕구를 채워준다. 혼밥과 혼술이 유행인데, 아이러니하게도 코로나로 인해 밥 친구와 술친구 등 친구의 중요성을 모두 느끼고 있는 요즘이다.

모든 밥상이 늘 편안할 수만은 없다. 가끔은 서먹하고 긴장되는 관계와도 밥을 먹어보고, 먹는 모습만 봐도 아까워 밥이 안 넘어가는 사람과도 밥을 먹고, 밥 먹는 관계를 꼭 확보하기를 바란다. 그런 사람이 있으면 우울증도 차츰 회복된다.

최근 몇 년간 팬데믹 이후 식사를 함께 하지 못하는 상황이 지속되었다. 2020년 월스트리트 저널(WSJ)은 유럽 이비인후과 학술지를 인용해 코로나 후유증을 보도했다. 연구 대상 확진자는 417명 가운데 각각 88%와 86%가 미각과 후각 기능장애를 겪었다. 유럽의 완치자 중 감각이 회복된 경우는 4분의 1 정도였고, 나머지 80%는 계속 미각, 후각 상실의 부작용이 있었다(뉴스1코리아, 2020.06.02).

음식의 풍미는 감각을 통해 전달된다. 거기에 편안한 사람과의 정서적 교감을 통해 맛이 배가 된다. 누군가를 떠올리면 함께 식사했던 기억들이 오버랩된다.

이안 감독의 영화 〈음식남녀〉(1995)는 요리사인 아버지와 세 딸의 가족영화이다. 미각을 상실해가는 아버지와 딸들 간의 갈등과 감정 교감이 섬세하게 표현되어 있다. 마지막 장면에서 미각을 잃었던 아버지(랑웅)는 둘째 딸 가천(오천련)이 만든 국을 떠먹으며 미각이 회복된다. 이 영화에서 아버지의 잃었던 미각이 돌아오는 시점은 부녀의 오해와 갈등이 회복되는 시점이기도 하다.

"우리 만나서 밥이나 먹을까요?"

밥을 함께 먹는 것은 관계를 다시 시작하겠다는 결단이며, 미각이 돌아오는 것은 관계의 회복을 상징한다. 누군가에게 밥상을 차려내는 것, "아, 맛있는데!" 한마디 감탄하는 말은 단지 맛이 아니라, 함께 하는 사람에 대한 깊은 애정의 표현이기도 하다.

밥을 같이 먹으면 전전두엽피질이 활성화된다

식당을 찾아가고, 밥 먹는 과정, 밥값을 내는 사람, 그다음 후식을 먹는 것까지 알고 보면 하나의 커다란 의식이다. 그 과정에서 서로의 취향과 경제적 처지를 알게 된다. 관계의 깊이를 더해가는데 술친구가 최고라고 하는데, 술을 마시면 어린아이처럼 퇴행하면서 긴장과 방어가 다 풀려버리기 때문이다. 밀폐된 공간, 소파, 포근한 쿠션, 모두 사람 사이를 가깝게 만드는 퇴행 물건들이다.

정신의학자 대니얼 시겔(Daniel Siegel)은 애착을 충족시켜주면 전전두엽피질의 연결고리가 통합되어 감정뇌를 살아나게 한다고 말한다. 우울증을 겪는 사람은 애착 부족인 경우가 많다.

잠깐이라도 "나야, 뭐해?" 통화를 하거나 안부를 물어봐 주는 누군가로 인해 일에 집중이 된다면, 마음을 진정시켜주는 힐링 제임에 틀림없다.

지하철에서도 종종 "지금 내리는 중이야, 어디 가고 있어?"와 같이 사소한 안부를 나누며 소곤대는 사람들을 본다.

네 우울의 이름을 알려줄게

"흠, 서로의 애착을 채워주고 있군!"라는 생각이 스쳐가며 직업병이 발동할 때가 있다.

이처럼 뒤늦게라도 애착을 채워줄 수 있는 대상이 필요하다. 마음의 안정제, 감정의 활력소를 만나면 사람이 밝아지고 몸에서 생기가 뿜어져 나온다. 그런 점에서 밥을 같이 먹는 사람은 애착물 중에서도 단연 으뜸이다.

JTBC 드라마 〈밥 잘 사주는 예쁜 누나〉(2018)는 제목처럼 밥이란 그냥 밥이 아니다. 밥을 사주는 누나 진아(손예진)가 밥만 사줬겠는가? 준희(정해인)는 밥 속에 담긴 누나의 에로스에 감동했을 것이다.

어릴 때는 엄마의 젖이, 조금 커서는 집안 분위기가, 그다음은 어떤 사람을 만나느냐에 따라 애착이 재형성된다.

친해지면 매일 일거수일투족을 일일이 감시하는 불안정 애착과 혼자 지내는 것이 편해서 사람 만나는 것 자체를 싫어하는 회피 애착의 경우도 많다. 좋은 애착이란 적정선을 잘 유지하는 관계이며, 소중한 사람일수록 적정거리를 잘 유지해야 한다.

한국인에게 밥은 단순히 배를 채우는 것 이상이다. 약속을 잡을 때도 "언제 한번 밥 먹자", 안부를 물을 때도 "밥 먹었니?" 등으로 밥에 관한 이야기를 꼭 한다. 밥은 서로를 온기로 채우는 매직 아이템이다.

[심리 TIP]

운동이나 일관계로 주변에 사람이 많아도, 그 상황이 끝나면 멀어져가는 게 보통이다. 일이 끝나도 계속 연락이 끊기지 않고 있다면 좋은 애착대상일 가능성이 높다. 정기적으로 만나 밥을 먹으며 애착의 감정뇌를 활짝 웃게 하자.

네 우울의 이름을 알려줄게

| 마음을 품어주는 심리처방전 |

1. 감정처방

[관계 도형도 그리기]

'자기 존재감'은 관계를 통해 획득하는 것이다. '가족, 스승, 동료, 애인, 친구, 신…'에게 나는 어떤 존재인가?

'관계도형도'를 통해 관계에 대한 자신의 감정선의 흐름을 파악해보자.

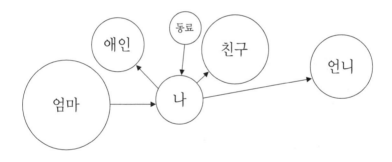

▶ 1단계 : 관계에 대한 객관화작업

 - 도형안에 대상을 써넣고, 관계에 대한 감정선을 화살표로 그린다.

▶ 2단계 : 새로운 관계정립

 - 잠깐만 떨어져 있어도 불안할 정도로 밀착되어 있다면 조금

거리를 두는 연습을 하고, 거의 소통이 없어 불편하다면 날씨 인사나 밥먹었냐는 식의 일상대화로 징검다리를 놓는다.

2. 우울한 마음을 극복하는 '시 처방'

▶ 1단계: 시 낭송

▶ 2단계: 모방시 쓰기

- 동일시(마음에 닿는 단어나 문장 선택)와 카타르시스(기분이나 감정이입) 발문법을 통해, 자신의 시로 재저작한다.

금요일의 pub

한용국

사랑을 이야기하던 시간들은 지나갔다
남은 자들이여 남은 것은 웃음뿐이다
우리에게는 날씨의 연금술이 필요할 뿐
서로에게 얼마나 무용한지 확인하기 위해
발끝을 까딱거리며 의자를 들썩이는 거다
나름대로 깔끔한 관계를 유지했지만
나사 같은 감정들을 처리하지는 못했으니

기다리는 사람들은 여전히 기다릴 테지

죽은 물고기의 살점을 우물거리며
우리에게 허락된 자세는 풍자를 베끼고
해탈을 지껄이다 우아하게 사라지는 일
부연 연기 속으로 누구는 벌써 홀로그램이다
구원은 일기예보의 정확성 여부에 달려 있다
술잔의 높이가 똑같은 것은 얼마나 다행인가

온다던 사람은 아마 늦게라도 도착하겠지
하지만 이미 우리의 얼굴은 흘러내렸으니
대화는 다시 오늘의 날씨부터 시작하는 거다
사랑을 이야기하던 시간들은 지나갔지만
서정적인 척추를 쓰다듬는 일은 가능하니까
무성생식에도 서글픈 온기는 있다고 믿으니까

출처: 한용국, **그의 가방에는 구름이 가득 차 있다**, 천년의시작, 2014.

3. 우울한 마음을 극복하는 '니체'의 명언

▶ '진정한 사랑을 받는 이는 조금씩, 그러나 분명히 성장한다.
사랑받음으로써, 사랑의 숨은 힘이 그 사람 안에 이제껏 깊이
잠들어 있던 누구도 알아채지 못한 장점을 깨운다.'(박미정 역,
초역 니체의 말2, 삼호미디어, 2020).

_____

_____

_____

_____

_____

_____

▶ 이 명언이 자신에게 주는 의미는 무엇일까요?

_____

_____

_____

_____

_____

_____

확실해요!
당신은 소중한 사람입니다

5장

우울을 극복하기 위한 마음 안아주기

5장

우울을 극복하기 위한 마음 안아주기

1. 하루 1번, 칭찬 명상법

소정 씨는 컴퓨터 작업을 많이 하는 직업이다. 1년 전부터 허리 디스크로 인해 통증에 시달린다. 그래서 우울하다. 요즘 해야 할 일은 잔뜩인데 몸은 무기력하다. '내일은 꼭 하자고…'라고 다짐하지만 정작 내일이 되면 몸이 아프다는 이유로 그만둔다. '이게 아닌데' 싶지만 자꾸 이불 속으로 들어가게 된다. 후회와 자책감으로 끝없이 무기력감에 빠져 들어간다.

행동을 바꾸는 '샤흐터-싱어' 기법

컴퓨터를 많이 쓰는 현대인들 중에 소정 씨처럼, 허리 디스크와 같은 말 못 할 각자의 직업병으로 인해 우울한 감정을 느끼는 사람들이 많다. 겉은 별 문제가 없어 보여도 본인은 통증이나 여러 가지 증상으로 고통스럽다. 몸이 아프면 우울해지는 것은 당연하지만, 문제는 나만 아프다는 생각이 들면 더 우울해진다는 점이다.

정서를 설명하는 3개의 이론이 있다. 소정 씨의 허리 통증을 예로 들어 설명했다.

■ 제임스-랑게 이론: '통증이 있으니 당연히 우울하지.'
■ 케논-바드 이론: '통증이 있고, 우울하기도 해.'
■ 샤흐터-싱어 이론: '통증 때문에 자세 교정 의자도 쓰고, 운동도 하면 나아지겠지.'

'제임스-랑게 이론'은 '아프니까 우울한 것'을 당연하게 생각하게 된다. '케논-바드 이론'은 통증과 우울을 객관적으로 인정하지만, 딱 거기까지다.

가장 효과가 있는 것이 바로 '샤흐터-싱어 이론'이다.

'병이 나을 것'이라는 긍정적인 해석으로, 행동으로 옮기게 되니 효과가 있다.

'아프지만, 더 나빠지지는 않을 거야.'

긍정의 말 한마디는 불안한 마음을 진정시켜준다.

응원의 한 마디가 필요하다.

알아주지 않는 타인을 원망하기보다는 스스로에게 함부로 비난하지 않는 습관이 중요하다. 무기력증은 자책과 함께 붙어 다닌다. 자신에게 함부로 하는 사람들은 타인의 시선에 몰두하느라 자신의 감정에 소홀하다. 행복한 순간의 나도 소중하지만, 힘들어하는 나의 감정도 소중하다.

"나 괜찮니?"라고 수시로 자신의 기분을 물어봐 준다.

힘들어 무기력해질 때일수록 한 줄이라도 일기를 써보자.

세계적인 성악가 조수미는 1983년 이탈리아로 유학을 간 이후 지금까지 하루도 거르지 않고 일기를 쓴다고 한다(조선일보, 2022.06.19). 이탈리아로 유학을 떠난 첫날 그의 일기장에 적힌 몇 문장을 소개한다. 매일 밤 자신에게 칭찬과 함께 다짐을 담은 '칭찬 명상'이다.

〈조수미 일기장〉

① 어떤 고난이 닥쳐도 묵묵히 이겨내며 약해지거나 울지 않을 것
② 절대 약하거나 외로운 모습을 보이지 않으며, 늘 도도하고 자신만만할 것
③ 어학과 노래에 온통 치중할 것
④ 항상 깨끗하고, 자신에게 만족한 몸가짐과 환경을 지닐 것

조수미가 유학 첫날밤, '오늘 잘 버텼어. 그리고 앞으로도 잘 해나갈 거야'라고 스스로 다짐했던 것이다.

칭찬 명상은 유익하다. 특히 에코붐 세대는 베이비붐 세대인 부모로 지원을 받은 만큼 기대를 충족시켜야 했다. 칭찬에 인색

했던 부모에 대한 서운함을 내비치기도 한다. 그러니 이제부터 칭찬을 스스로에게 해주면 어떨까.

 가수 옥상 달빛의 노래 '수고했어, 오늘도'는 지친 감정을 잘 토닥여준다.

 '수고했어 오늘도
 아무도 너의 슬픔에 관심 없대도
 난 늘 응원해, 수고했어 오늘도'

 우울에서 벗어나려면 뭔가 잘해야 하고, 버려야만 하는 생각을 버려야 한다. 하루를 그럭저럭 살았으니 그것만으로도 대견하다. 무기력해서 아무것도 못 할 때 일단 거울을 보고 웃어주자.

[심리 TIP]
조금 나아진 기분을 칭찬해 주자. '오늘은 좀 살아났네!', '이만하면 됐어'라고 일기장에 한 줄 써놓는 칭찬 명상법을 시작해 보자. 작은 칭찬이라도 심겨놓으면 자신도 모르는 사이 자라난다.

2. 힘들 때 좋은 2가지 감정 명상법

진구 씨의 고민은 이렇다. "우리 회사 사람들은 왜 나를 다 싫어할까요? 후배라고 봐주고, 선배라고 챙겼는데 이건 아니다 싶어 여기저기 잔소리 좀 하고 화 좀 냈다고 모두들 외면하네요. 그동안 상처 주기 싫어 말 한마디도 조심했는데…" 뒤에서 수군대는 것 같고 눈치까지 보는 자신이 못마땅해서 일찍 퇴근해버렸다. 한 번씩 열받으면 화를 참지 못하는 자신이 싫다고 한다. "평정심은 가장 어려운 말이네요." 그가 마지막으로 한 말이다.

평정심을 다루는 첫 번째 명상

이 사람 저 사람 눈치보다 잃어버린 마음의 무게, 차가워진 마음의 온도는 어디서 찾을 수 있을까? 진구 씨처럼 평정심을 갖고 싶은데, 생각과 달리 화 조절이 안되면 인간관계가 어려워진다.

어디로 튈지 모르는 감정에 '위험'이라는 표지판을 세워놓는 것이 필요하다. 도심 속 50km 제한 속도를 따라가듯이, 감정의 제한속도를 표시해놓는 방법이다.

회사는 고속도로처럼 질주할 수 있는 곳은 아니다. 어느 정도 긴장감을 갖는 것이 낫다. 타인을 챙긴다고, 많이 봐줬다고 생각해도, 한번 분노를 폭발하고 나면 신뢰감을 회복하는 데 시간이 많이 걸린다. 제한속도를 무시하고 달리다 전복하느니 선을 긋는 것이 필요하다.

각자 감정의 제한속도가 다르므로 직장에서의 평소의 상황을 써보고, 그에 대한 대처 방법을 찾아보자.

〈첫 번째 명상법〉

감정의 제한속도 정하기

- 30km 스쿨존: 화가 나서 감정 조절이 안되고 흥분한 상태다.
  → 밖에 나가 숨을 돌리고, 감정이 안정되었을 때 표현한다.
- 50km 도심 제한속도: 상사 앞에서 자기주장이 잘 안된다.
  → 포스트 잇에 할 말을 적고, 리허설을 해본다.
- 110km 고속도로: 후배나 편한 사람에게는 자신도 모르게 돌직구를 날린다.
  → 제한 속도를 넘어가지 않도록, 말할 때 표지판을 세우고 조절해나간다.

평정심을 다루는 두 번째 명상

이지은 작가의 동화 〈팥빙수의 전설〉(웅진주니어, 2019)에서 새하얗고 커다란 눈호랑이가 나타나 할머니에게 위협을 한다.

'맛있는 거 주면 안 잡아먹지!'

감정을 억압하고 외면당했던 것에 대한 배고픔은 자신을 잡아먹고 주변 사람들과의 관계도 틀어지게 한다.

동화 속 할머니는 마치 성이 난 눈호랑이의 감정을 보듬어주듯 정성스레 키운 딸기, 참외, 수박을 차례차례 내놓는다.

나는 상담할 때 이 그림책의 감정카드인 '토닥카드'를 활용한다. 마음에 드는 카드를 2~3개 고르라 하면 자신의 감정카드를 선택하게 된다. 셀프 명상에 활용해도 좋다.

"지금 선택한 카드로 스토리텔링을 해보시겠어요?"

평소 화가 많은 지희 씨는 '삐짐'과 '어부바'카드를 선택했다.

"어렸을 때 엄마가 어부바 안 해줘서 삐졌어요."

"위로받고 싶었는데, 위로받지 못해 화가 나는군요"라고 반영해 주었다.

지희 씨는 엄마와의 갈등이 직장이나 다른 관계에서도 일반화되어 나타났다. 직장에서 상사에게 자기 의견을 강하게 주장하면,

"지금 도전하는 거예요? 공격적으로 들리는데요."

라는 지적을 받으면 억울하다.

남자친구에게도 "나는 그냥 위로받고 싶었을 뿐이라고…"라며 속 얘기를 못 하고 화부터 낸다고 한다.

내면의 화가 숨어 있는 것이다. '화'는 사람마다 '분노, 원망, 폭발, 억울함, 격앙' 등과 같이 약간씩 다른 단어로 표현한다. 분노는 행동을 지칭하기도 하지만 동시에 감정을 의미한다. 어렸을 때, 남동생을 편애하던 게 늘 불편했던 지희 씨는 지금까지도 엄마와의 관계에서 힘들다고 한다. 내면의 억울함을 다루지 않으면 언제든 터져 나오게 된다.

스무 살이 넘었는데, 아직도 그러는 자신이 유치하고, 늙어가는 엄마에게 죄책감이 든다고 호소한다. 하지만 마음속 응어리는 생각보다 오래갈 수 있다. 특히 경쟁상황에서 '분노'라는 핵심감정이 치고 올라온다.

경쟁과 성과를 유도하는 사회 분위기는 이런 사람들에게 최악이다. 살벌한 경쟁적 분위기는 싫지만 회사는 다녀야 하고 우울해지는 것이다. 감정카드로 자신의 감정을 들여다보는 셀프 명상법이 효과가 있다.

〈두 번째 명상법〉
감정카드로 하는 셀프 명상법
■ 자신의 감정을 나타내는 감정카드를 2~3개 선택한다.
■ 카드를 선택한 이유를 기록한다.
■ 선택한 카드로 하나의 문장으로 스토리텔링을 한다.

눈치 보는 것은 '거울뉴런' 때문

'타이틀' 안에 자신을 가두고, 공적인 모임, 의무적인 관계에 몰두하다 보면 지치기 마련이다. 직책과 역할을 떼어낸 모습이 '진짜 자기(real self)'이다. 갈수록 집중력도 떨어지고, 의욕도 사라진다면 자기 본래 모습을 잃어 가고 있는 것이다. 스트레스를 야식과 술로 풀면서 몸을 혹사하며 외마디 소리가 나온다.

"요즘 너무 힘들다. 힘들어, 지쳤어."

쉽게 상처받는 사람들은 '~~다움'에 대한 강박관념이 있다. '여자다움', '남자다움', '선배다움', 수많은 '~~다움'을 지키려고 늘 긴장한다. '~~다움'은 바람직함이며 애초에 정답이 없는 것들이다.

어디로 튈지 모르는 날 선 감정은 어느 날 갑자기 생기는 게 아니다. 자신도 모르게 감정 폭발을 하는 것은, 해소되지 않은 감정이 있다는 것이다. 풍선의 바람을 뺄 때 조금씩 빼주면 '펑' 터지지 않는다.

화나 짜증이 오래 쌓여 우울증 상태까지 왔다면, 전문가의 도움이 필요할 수도 있다. 눈치보다 감정을 억압하는 심리적 근원를 찾아보자.

신경심리학자인 리촐라티(Giacomo Rizzolatti)는 '거울뉴런'이론으로 눈치보며 남들을 따라가려는 사람들의 심리를 설명했다. 거울처럼 누군가의 행동을 관찰만 해도 똑같이 반응해서 붙여진 이름이다. 위험회피나 긍정적인 효과를 기대하며 주변 사람들의 행동을 무의식적으로 따라 하는 습성을 말한다.

'거울뉴런'이론처럼 눈치에 길들여지지 않으려면 자책하는 상황을 조율하려는 용기가 필요하다. 과중한 업무량, 늦은 퇴근 시간, 갑작스러운 부서 이동 등으로, 지쳐가면서도 혼자 고민하면서 '말해도 안 될 거야'라고 어림짐작하고 끝내 버린 일이 얼마나 많은가.

"안될까요? 제 생각은 이렇습니다만."

이제는 제멋대로 한번 질러보자. 감정이 춤추는 그날까지.

[심리 TIP]

매일의 감정을 이모티콘 5개로 표현해 보자. 현재 감정을 매일 가볍게 만나는 연습을 하고, 일주일 단위로 자신의 감정흐름을 살펴보자.

네 우울의 이름을 알려줄게

3. 나는 내 감정의 통역사

나미 씨는 남자친구에게 문득 생각난 듯 따져 물을 때가 있다.

"그때 말야, 어제, 아 그리고 3년 전 그때."

"뭔데?"

"네가 나 보고 싶다고 나오라 해서 달려갔거든. 그때 너는 내가 도착하자마자, 회사에 갑자기 급한 일이 생겼다며 가버렸어. 누구 만났냐고? 여자 아니었어?"

"급한 일이 있었겠지… 뭐였지?"

나미 씨는 뭔가 마음에 걸리면 잘 잊지 못한다. 한 번 발동이 걸리면 과거로 돌아가 따지고야 만다. 따지기 시작하면 공포가 몰려온다고 남자친구는 말한다. 하지만 나미 씨는 남자친구가 바람피우고, 거짓말해서 지친다고 우울증 약까지 먹고 있다.

취소(undoing)의 방어기제

"제가요. 정말 억울해서요…"라며 나미 씨 남자친구는 그동안 쌓였던 억울한 감정들을 토해낸다.

남자는 바람을 피운 적이 없다는 것이며, 여자는 의심이 든다는 것이다.

"며칠 전화해도 계속 안 받고 열받게 하다가, 꽃이나 선물을 사들고 나타나요. 내가 원하는 것은 선물이 아닌데…"

남자친구는 갑작스럽게 실수를 보상하는 '취소(undoing)'의 방어기제를 쓰고 있는 것이다. 속 알맹이는 바뀌지지 않은 것으로 앞으로도 같은 행동을 반복할 확률이 높다. 순간을 모면하려는 것보다는 오해를 푸는 것이 먼저다.

둘 다 상대방이 문제라고 생각하는 '외부 귀인'을 하고 있으므로, 이럴 때는 관계 상담인 커플 상담을 먼저 하면 좋다.

보편적으로 커플 상담에서는 그동안의 역기능적인 대화 패턴을 점검하게 된다. 이 커플은 대화로 풀기 어렵다고 회피하는 남자친구와 쫓아가서 따지고 화를 폭발하는 여자의 한 쌍이었다. 평소에 여자에게 다 맞추고 말이 없는 남자친구가 어떤 때는 심한 농담으로 작정하고 괴롭히기도 한다고 했다. 직접 표현하는 것이 두려울 때 이처럼 수동 공격적 행동을 하게 된다.

빙빙 돌리거나 농담 식이 아닌, 직접 감정을 표현하도록 개입하였다. 그러자 평소 억울한 남자의 마음이 튀어나왔다.

"왜 요즘 나한테 관심이 없어? 딴짓하는 거 아냐?" 여자가 따지자

"왜 또? 내가 바람이라도 피운다고?" 남자는 처음으로 화나는 감정을 담아 표현하였다.

이처럼 날 선 감정들이 켜켜이 쌓이게 되면, 불쾌한 상황만 늘어간다. 나는 역할극을 통해 두 사람의 대화 패턴을 조정해나갔다.

"바쁜 사람에게, 내가 뭔 딴짓을 해?" 남자가 다시 말을 했다.

"그 봐, 핑계 대는 게 꼭 우리 아빠 같다고…" 여자는 속내를 드러냈다.

여자는 늘 남자를 의심했다. 남자친구가 조금만 늦게 연락해도, 통화를 짧게 끝내도 늘 외도로 엄마를 불행하게 했던 아빠가 겹쳐 보였음을 인정했다. 이전 남자친구와도 그 문제로 헤어졌다는 것이 대화 중 밝혀졌다. 남자의 어떤 말이나 행동의 작은 단서에도 바람피우는 것으로 직결해서 생각한다는 점, 그것 때문에 남자의 행동을 짜맞추느라 밤잠을 설치고 몸이 녹초가 돼서야 생각을 멈추는 일이 반복되고 있었다.

실제로 상대의 바람을 의심하는 사람들이 바람피운 증거들을 열거하기도 하지만, '확증편향'인 경우가 많다. '확증편향'은 불충분한 증거들을 꿰맞추어 마치 실제 어떤 일이 발생했다고 굳게 믿는 것을 말한다.

여자는 남자친구와 데이트를 즐겁게 하고 귀가하면서도, 집에 도착하기까지 시간의 분, 초를 따지며 의심하였다.

"흥, 내가 속을 줄 알고?"

남자뿐만 아니라 여자도 지옥이 따로 없었을 것이다. 그러니 직장 일도 손에 안 잡히고 둘 사이의 관계도 틀어져만 갔던 것이다. 의심이 주 증상인 편집증적 우울증의 증상임을 알 수 있었다. 여자는 그동안 만났던 남자들과의 불가피한 상실에 직면하여 버림받음과 거부당한 것에 대한 무력감으로 인해 정신이 피폐해졌음을 알 수 있었다. 자신의 의지로 한계가 있으므로 상담과 정신과 투약을 병행할 것을 권유하였다.

사랑은 다르게 적힌다

감정이 틀어지는 이유는 작은 오해에서 비롯된다. 뭐 그 정도 갖고 그러냐고 할 수도 있다. 우울증으로 고생하는 사람들을 만나다 보면 아주 사소한 것을 잊지 못해 곱씹고 부정적인 생각과 감정에 시달린다. 사소한 감정의 불씨인 서운함도 쌓이면 억울함이 된다.

"그때 내 생각이 짧았구나."

"그래서 몹시 속상했었구나? 늦었지만 정말 미안해."

뒤늦게라도 사과해서 끝나는 일이라면 괜찮다. 하지만 정신적 외상(trauma)이 있었나 싶을 정도로 뭔가 꼬여 있는 경우에는 단순한 대화의 교정만으로는 한계가 있다.

상식선을 넘는 의심증이 있다 해도 본인 역시 고통스러운 것이고, 비난을 받아야 할 일은 아니다. 따라서 아무리 이상해 보여도, 힘들다고 호소하면 일단 양쪽 말을 다 들어봐야 한다. 관계의 역동을 보는 점에서 커플 상담이 유용하다. 본인의 편집증이 더 문제라면 그것을 먼저 다루고, 소통 부분에서 오해가 지속된 것이라면 그 부분을 풀어나가는 것을 먼저 다룬다.

프랑스의 화가 마리 로랑생(Marie Laurencin)은 자신의 우울했던 삶을 이렇게 고백한다(마리 로랑생 전, 한가람미술관, 2017.12~2018.03).

'매일이 결투하는 것 같았다.'

'나는 스무 살이었다. 당시의 나는 슬프고 못생기고, 하여튼 아무런 희망도 없었다.'

그녀에게 작업의 황금기도 있었지만, 선택할 수 없는 피하고 싶은 일도 많았다. 미혼모의 딸로 태어나 기욤 아폴리네르(Guillaume Apollinaire)와의 실연과 죽음, 전쟁, 독일인 남편과 망명 후 이혼해 파리로 귀국, 경제공황을 겪는 굴곡진 삶을 살았다. 가족이 있었지만 인정받지 못했고, 연애와 결혼을 했지만, 상실을 경험한다. 그녀는 그러한 경험에서 느낀 고통과 외로움을 작업을 통해 승화시킨다. 일흔세 살에 심장마비로 죽는 순간까지도 붓을 손에서 놓지 않았다고 한다.

부모는 자신이 선택할 수 있는 것이 아니며, 연애에서도 상실을 경험할 수 있다. 마리 로랑생처럼 뒤늦게라도 자신이 좋아하는 무언가를 통해 승화시키면 된다. '승화'란 방어기제는 '사회에서 바람직하게 여길 만한 행동을 함으로써 자신 내면의 불안이나 우울을 해결하는 것'을 말한다.

이처럼 자기만의 방식으로 그때그때 자신의 내면을 만나는 작업이 필요하다. 예민한 감정들이 어디에서 왔는지 추적해서, 지금이라도 구멍 난 마음을 채워줘야 한다.

이소라의 노래 '바람이 분다'의 가사에 이런 구절이 있다.

'사랑은 비극이어라.
그대는 내가 아니다.
추억은 다르게 적힌다.'

우리가 관계 속에서 아파하는 이유는 나에게 애틋한 기억을 그는 기억하지 못하며, 같은 말을 전혀 다르게 해석하므로 생기는 오해 때문이다. 자기감정만 앞세우는 사람과는 거리를 두어도 된다. 가끔 외로울 수도 있지만, 세상을 살아가는 데 외로움은 필수 요소다.

매달릴수록 부담을 느끼는 쪽에서 거리를 두게 된다. 심리학 용어로는 '거리 조절 효과'라고 한다. 사랑한다는 말, 미안하다는 말도 상대방이 받을 준비가 되었을 때 해주어야 효과가 있다.

'내가 이만큼 했으니…'

라며 상대에게 사랑을 기대하지만, 상대는 다르게 생각할 수 있다는 사실이다. 사소한 오해에서 비롯된 감정의 응어리를 풀기 위해서는, 서로의 감정을 통역하는 과정이 반드시 필요하다.

[심리 TIP]

작은 불씨가 산 전체를 태우듯이 작은 오해에서 감정이 상한다. 감정의 불씨를 내버려 두면 큰 손실로 이어질 수밖에 없다. 일단 만나서 오해를 풀자. 그렇게 몇 번의 용기를 냈는데도 상대방이 회피한다면, 이제부터는 안 봐도 될 사람이라고 생각하면 된다.

네 우울의 이름을 알려줄게

4. 감정에도 이름이 있다, 무드 네이밍

윤식 씨는 "집에서 일을 하는데도 왜 이렇게 피곤할까?" 직장에서보다는 긴장은 덜하지만, 사람들이 안 보이는 집에서 일을 하니, 업무보고나 성과로 사람들의 구설수에 말리지 않으려고 조심한다. 한 가지 일을 끝내놓고 쉬려면 뭔가 다른 할 일이 생긴다. 쉬는 날에도 아내나 아이들이 어디를 가자고 하는데, 빈둥거린다며 핀잔을 주는 아내에게 "나도 쉬고 싶어. 휴식이 필요하다고!"라고 자신도 모르게 소리를 질러버렸다.

적당한 거리, 자기분화

많은 업무량 때문에 40~50대 과로사가 증가하지만, 산업재해로 입증하는 것은 어려운 실정이다. 오늘날 가족 부양 의식과 함께 남자들의 경우 자기 팽창감으로 끝없이 성취를 갈구하다가 탈진 상태까지 가는 직장인들이 많다.

일하는 자아가 팽창되면, 본래의 자신은 순식간에 사라져버린다. 집에 오면 비로소 가식의 옷을 벗고 심층 켜켜이 쌓여있던 먼지와 찌꺼기들을 제거할 수 있다.

팬데믹 이후 집안에 있어야 하는 시간이 많아졌다. 집에 오랜 시간 머물고 있지만, 출퇴근 시간이 명확하지 않아 피로가 누적

되어 울적한 기분이 든다는 사람이 많았다. 기분이란 그대로 두면 가라앉거나 처지기 쉽다. 울적해지고 위험해진다. 기분은 아기와 같아서 늘 신경 써줘야 하고 다독여줘야 한다.

집콕의 시간이 길어질수록 안락한 공간이 필요하다. 만일 잡동사니가 쌓여있는 방이라면 정갈하게 치운 후 러그를 새로 깔고, 방이 하나라도 한쪽에 작은 탁자 위에 향초나 예쁜 화분을 올려놓고 '명상의 공간'을 만들어도 좋겠다. 내가 머무는 공간은 자기 존재 그 자체이다. 자기 존재감은 대상을 통해 비로소 가능한데, 나를 지켜줄 수 있는 안전한 공간이 우선적이다.

코로나 시기에 게임방에 못 간다며 공부는 안 하고 방황하는, 중1 사춘기 아들의 방을 PC방처럼 꾸며 주었다는 지인의 얘기를 들었다. PC방 스낵 메뉴판까지 만들어 컵라면이나 음료수를 대령했다고 한다. 엄마는 아들에게 영혼이 담겨있는 방을 선물한 것이다. 방은 자신을 보호하는 최후의 보루가 되어야 한다. 마음이 답답할수록 인테리어를 단순하게 바꾸는 것도 방법이다.

네 우울의 이름을 알려줄게

나에게 주는 안락한 시간

긴장이 높은 편이라면 편안히 머무를 수 있는 안락한 시간을
확보해야 한다.

〈초역 니체의 말〉(박재현 역, 삼호미디어, 2020)에서 니체는 휴식
의 시간을 통해 살아가면서 부닥치는 문제에 압도당하지 않음을
역설한다.

'피곤한 상태에서는 평소 사소하게 치부했던 것도 유난히 큰
문제로 다가온다. 본래의 자신을 회복하기까지 안전한 공간에서
느긋이 휴식을 취하는 것이 최선의 방책이다'라고 니체는 역설
하였다.

쉬어야 물에 젖은 기분도 다시 살아난다. 2주 이상 무기력의
감정이 지속될 때 우울증으로 진단을 받게 된다. 입맛이 없다며
끼니를 거르고 잠만 자기도 하는데, 나쁜 감정을 느끼기 싫어 회
피하는 것이다.

수시로 자신의 감정을 물어봐 주는 것이 도움이 된다. 심리학
에서는 이것을 '무드 네이밍(mood naming)'이라고 한다. 감정의
정체를 자기에게 알려줌으로써 두려움을 없애준다. 자신을 괴롭
히는 것은 상한 기분이며 정리되지 않은 주변을 통해 알아차리
게 된다. 짐을 쌓아둔 채 발 디딜 틈 없는 방은 우울한 마음의 상
징이다. 세상에서 지친 나를 꺼내줄 수 있는 것도 나 자신이다.

네 우울의 이름을 알려줄게

"힘들었구나?"

"내가 꺼내줄게."

자신을 안심시키는 가장 가까운 사람은 자기 자신이다. 입 스팡 올센의 그림책 〈달님과 소년〉(정영은 역, 진선아이, 2020)에서 주인공 달님은 하늘 위에서 물속에 비친 달님을 바라본다. 물속에 비친 달님의 정체가 궁금해 소년에게 부탁한다. 소년이 물속에서 가져온 것은 작은 손거울이었다. 달님은 거울 속 자신을 들여다보고 또 들여다본다. 달님이 자신이 본 달 중에 가장 멋지다고 말한다. 그 후로 달님은 친구가 필요할 때면 늘 거울 속의 달님과 마음속 이야기를 한다는 줄거리다.

가끔씩 내면 속 나 자신과 이야기를 해보자. 자신의 기분에 이름도 붙여주고, 마음의 방을 노크하자.

"견딜만해?"

"그런대로…"

[심리 TIP]
나를 좀먹는 것은 숟가락이 아니라 엄마의 잔소리, 애인의 침묵, 그리고 기나긴 코로나, 그렇다면 곱씹는 대신 오늘은 한 끼 식사를 예쁘게 차려 맛있게 먹는 것도 좋다.

5. 자존감이 낮다면, 허세를 사용하라

신지 씨는 날이 갈수록 지친다. 남들에게 지기는 싫고, 대학 졸업 후에 뭐하나 싶어, 학원도 다니고, 운동도 하고 뭔가 계속 시도는 하는데, 내가 정말 하고 싶은 건가, 내 재능은 뭔가, 쓸데없는 데 돈을 쓰나 고민이 많다. 이렇게 몇 년이 지나 아무것도 안 돼 있으면 어쩌나 싶고, 22살이라는 나이가 너무 들어버린 것은 아닌가 속상하다. 질러 놓은 게 많아 중간에 그만둬서 부모에게 잔소리를 들을 때, 뭐든 완벽하게 하는 동생과 비교당할 때 불안하고 굴욕감마저 든다. 요즘처럼 허둥대다 보면 무엇이 옳은지 답답하고 우울하다.

늘 강조해도 자존감은 중요하다

자신의 판단에 대한 의심은 자존감이 낮은 사람들에게 많이 나타난다. 자신의 재능이 한 번에 찾아지는 것이 아니다. 완벽한 무엇을 찾고 싶고, 거기에 조급함이 더해지면 허둥댈 수밖에 없다.

그림책 〈여행자〉(공경희 역, 황소자리, 2008)에 주인공 찰리가 등장한다. 많은 것을 가지고 있었지만 만족스럽지 않은 주인공은 더 완벽한 것을 찾아 여행을 떠난다.

'내 시간은 가방에 안전하게 들어 있어.

잘못될 리 없어.
곧 내 시간을 다 쏟을 만한
완벽한 것을 찾겠지!'

이야기의 결말은 이렇다.
'사막은 완벽하지 않았지만 찰리는 계속 길을 갔다.'
살다 보면 예상 밖의 일들로 실망할 수도 있다. 자신이 몰입할 만한 무엇을 영영 찾지 못할까 봐 두렵기도 할 것이다. 답답해서 가슴이 먹먹할 수도 있다. 아무것도 보이지 않아, '아, 다 그만두고 싶어'라며 깊은 한숨을 쉴 수도 있다.
하지만 동화 속 주인공 찰리처럼 멈추지만 않으면 된다.
아무것도 보이지 않을 때, 스스로에게 '막연하니까 시작해 보는 거야!'
스스로에게 용기를 주는 것은 반드시 필요하다.
'굴욕감'은 낮은 자존감 상태일 때, 남과 비교하는 데서 오는 내 감정이다. 가까운 사람에게 비교당할 때 불안은 더 상승한다. 뭐든 잘하는 사람에게는 경의를 표하고 나는 나를 다독이면 된다. 타인의 사생활은 그들의 몫으로 남겨두자. 정말 자신의 재능을 찾고 싶고, 하고 싶은 것을 하면서 살고 싶을 때, 타인의 비난에 휘둘리지 않아야 한다.
자신이 작아질 때, '하면 안 될 게 뭐가 있어!'라고 허세를 사용하는 것도 나쁘지 않다.

계속적으로 일이 안 풀릴 때는, 브루잉 효과

일이 안 풀리고, 조급할수록 잠시 생각을 멈추어야 한다. 평소에 공황 증세로 상담실에 내원한 70대 할머니가 새 휴대폰으로 백화점 문화센터 강좌를 신청하는데, 거의 1시간을 허비했다며 짜증과 한숨 섞인 소리를 하였다. '앱 깔라는 메시지, 아이디와 비밀번호가 틀리다' 등의 메시지를 따라가다 보니 시간이 훌쩍 지나가고, 진이 빠졌다는 것이다.

10분 정도 해보다 잘 안되면 바로 전화해보든가, 자녀에게 물어보지 않았냐는 나의 질문에 '혼자 힘으로 해보려고 안간힘을 썼다'는 얘기였다.

교사 출신인 그분은 평소에 빈틈없고, 독립심이 강한 꼿꼿한 평소 성격이 그대로 배어 나왔다. 이럴 때, '브루잉 효과(brewing effect)'를 쓰면 된다고 말씀드렸다. '브루잉 효과'란 '문제해결 과정에서 해결책을 찾지 못할 때, 잠시 과제에서 벗어남으로써 이후 수행이 좋아지는 현상'을 말한다.

쿠니오스와 비만(Kounios & Beeman, 2009)은 유머가 담긴 짧은 영상을 보여준 후, 퍼즐 문제를 냈을 때, 영상을 본 집단이 보지 않은 비교집단보다 20% 정도 문제를 더 잘 푸는 것으로 입증되었다. 브루잉 효과를 잘 보여주는 연구 결과이다.

무엇인가를 시작해서 끝장을 보는 것도 좋지만, 잘 안 풀릴 때는 잠깐 멈추는 것이 필요하다. 누구나 예상하겠지만, 이완이 되어야 합리적인 사고가 가능해진다.

우리는 살아가면서 크고 작은 선택의 연속이다. 취준생에게는 회사를 선택해야 하고, 입사를 하고 나면 회사 적응 과정에서 수많은 선택의 연속이다. 우울증 상태에서는 합리적인 선택에 적신호가 온다.

시간과 비용을 들여가며 심리 상담을 받는 이유 중 하나가 '올바른 선택'을 하기 위해서다. 승규 씨 사례를 소개한다. 그는 결혼 5년 차, 아이는 없는 신혼부부다. 몇 년 취준생을 거쳐 대기업의 관문은 뚫었지만, 자신과는 너무 맞지 않았다고 한다. 업무에서 실수가 잦고, 몸의 무리로 병원 신세를 지는 횟수가 늘면서, 우울증까지 오자 회사생활이 힘들어졌다. 더 버틸 힘이 없었지만, 결정 과정에서 고민이 많았다. 현재는 대기업 연봉을 포기하고 5년 만에 직장을 그만두는 쪽으로 선택하고, 부인과 함께 지방에 내려가 애견숍을 하며 살고 있다.

다행히 더 나빠질 것도 없다고 선택한 새로운 삶에서 활기를 되찾아 가고 있다. 퇴사 결정 과정에서 부부의 생각이 달랐으므로, 가족 상담을 통해 퇴사에 대한 부부의 생각과 감정에 대해 객관화 작업을 하였다. 집에 가서는 부인과 머리를 맞대고 여러 달 고민하며 협상하는 과제를 잘 해왔다. 우울증에서 벗어난 지금, 계속 회사에 다녔더라면 어땠을까 아쉬움도 있지만, 다시 돌아가고 싶지는 않다고 한다.

무모함처럼 보이지만, 그것이 더 합리적인 결정이 되기도 한다.

세상에는 무모함을 선택하는 쪽과 안전한 쪽을 선택하는 두 부류가 있을 뿐이다. 우울한 사람들은 행복이 날아갈 것 같은 불안감 때문에, 행복을 포기하고 불행을 선택한다. 심리학 용어로 '항상성(homeostasis)'이라고 하는데, 현재의 상태를 유지하려는 것을 말한다. 불행할 줄 뻔히 알면서, 나쁜 남자를 계속 선택하는 여자의 심리도 항상성으로 설명할 수 있다.

니체는 〈권력의지〉(부글북스, 2018)에서 이런 말을 한다.

'현실에 안주하지 마라

그건 죽은 삶이다

위험하게 살아라

불확실성을 추구하라

당신이라는 존재는 언제나 극복의 대상이다.'

어떤 선택이든, 자신을 믿어보자. 그리고 새로운 결정에 대해 책임을 지겠다는 다짐으로 호기심을 가져보자. 세상은 무섭기만 한 곳은 아니다.

[심리 TIP]

뭔가 정말 아니다 싶을 때는 멈추고, 새로운 결정에 두려움이 앞설 때는 일단 시작하자. 뛰어들고 생각은 이후에 해도 된다. 몇 년씩 같은 문제로 고민 중이라면 전문가의 도움을 받는 것도 고려해보자.

6. 마음이 급할수록 돌아가기, 리액턴스

은서 씨는 거의 5년을 취준생으로 지내다 이제야 그토록 열
망하던 곳에 취업이 됐다. 월급이 제법 괜찮았고 공휴일도
정확히 쉬었으며, 남들이 부러워하는 나름 괜찮은 직장이다.
힘들어도 참았다. 이를 악물고 참았다. 하지만 얼마 지나지
않아 실력에 구멍이 나기 시작했다. 배우면서 일을 하면 된
다고 생각했지만, 회사에서는 능력 밖의 일을 맡겼다. 추천
해 준 교수님에게도 창피하고 직장을 당장 그만두고 싶지만,
학자금 대출도 못 갚으면 어쩌나 걱정이 앞서 집에 오면 울
다 잠만 잔다.

힘들다면 일단, 한 템포 쉬고!

'직장 생활이 처음입니다만…' 처음에는 취업만으로도 감격하
지만, 일단 일을 시작하면 예상 밖의 일이 발생한다. 실력이든
직장 분위기든 자신이 예상했던 것과는 차이가 있다. 연봉이나
직장 분위기가 좋다고 소문이 난 직장일수록 예상과 다른 면도
있다. 입사 당시 "편하게 일하면 됩니다"라고 말하지만, 업무에
투입되면 일을 바로 처리하기를 기대한다. 무능감을 느끼기보다
는, '일의 효율성'과 '나다움'의 균형을 찾아가는 것이 필요하다.

들어가기 힘든 직장에 취업했다고, 무조건 참는 것은 초자아를 많이 쓰는 것이다. 자신의 감정을 억압할수록 본능은 꺼내 달라고 아우성을 친다.

계획대로 안될까 봐 불안해하지만, 계획대로 된 적이 있던가. 나빠 보이는 일이 오히려 좋게 흘러가는 일은 비일비재하다. '세상은 내 뜻대로 굴러가야만 한다'고 생각할 때, 불안은 눈덩이처럼 커진다.

'세상에 모두 나쁘거나 모두 좋은 일은 없다.'

마음이 급할수록 돌아가는 게 필요하다. 심리학 용어로 '리액턴스(reactamce)'라고 한다. 원래 물리학 용어로 전류의 저항을 많이 받을수록 반발력이 강해진다는 의미이다. '반동형성(reaction formation)'이라고도 하는데, '금지된 충동을 억제하기 위하여 그 반대의 행동을 하는 것'을 의미한다.

팬베이커와 샌더즈(Pennebaker & Sanders)는 '리액턴스'를 적용한 실험을 하였다. 화장실 낙서 금지에 대해, '절대 낙서 금함. 엄벌에 처함'이라는 강한 경고문에는 대학경찰 방범국장의 서명을, '낙서를 하지 말아 주세요' 부탁조의 경고문에는 일반 교직원의 서명을 했다. 그 결과, 강한 경고문에 욕설과 도전적인 낙서가 훨씬 많이 달렸다(Pennebaker, 1976).

실제로 '안 하면 큰일 나, 꼭 해야 돼'라고 몰아붙이면, 반대로 '하기 싫다'는 마음이 강하게 들고, 손을 놓고 주저앉게 된다. 무기력한 상태에서는 해야 할 일은 많은데, 몸이 안 움직여지는 게 보통이다. '해야겠다'는 마음이 들어도 행동으로 옮겨지지 않고, 결과물도 나오지 않아 답답해한다. 결국 자책과 주변의 성화에 못 이겨 자신을 다그치게 되기 쉽다. 이런 상황에서 '리액턴스' 기법을 활용하면 효과가 있다.

'꼭 하지 않아도 돼. 뭔 문제가 있겠어?'라고 스스로에게 말해주는 것이다. 그러면 자율권이 보장되면서 자연스럽게 '슬슬 해볼까?'라는 마음이 올라온다. '리액턴스'의 효과이다.

간직해야 할 것과 버려야 할 것

불안이나 분노의 감정과 같은 부정적인 감정도 잘 활용하면 효율적인 에너지로 사용할 수 있다. 나쁜 감정은 없다. 불안의 감정이 있으므로, 어려운 직장 선배에게 일을 가르쳐 달라고 용기를 내는 것이다. 자극제는 꼭 칭찬이나 지지만 있는 게 아니다.

헬스 강사들은 '좀 더 좀 더'하며 고객들을 몰아간다. 스트레칭 범위, 바벨의 중량, 러닝머신 속도를 올리라고 소리친다. 그 때문에 근육질 몸과 체력이 향상된다.

어차피 버려야 한다면 먼저 자신을 믿어주고, 감정을 다잡고 가야 한다. 능력을 인정받는 사람들은 평소에 자신의 감정을 잘 관리한 사람들이다. 그들은 스스로에게 하는 '구조요청(SOS)'에 귀를 기울인다. 타인에 대한 배려가 책임감이라면, 자신에 대한 배려는 스스로를 다그치지 않는 것이다. 나의 기분이 과연 안전한지, 체력과 정신이 얼마나 버틸 수 있는지 아는 것이 중요하다.

자신의 한계를 초과한다고 느끼면 발을 빼는 것도 생존법이다. 마찬가지로 자신에게 '조금만 더 하자'고, '최선을 다하라'고 내몰지 말아야 한다. 당장은 몰라도 몇 년 안에 '번아웃(burn out)' 상태가 되어 기운을 회복하는 데 몇 년이 걸릴 수도 있다.

[심리 TIP]

스트레스를 버티는 총량은 개인마다 다르다. 한계에 이르기 전에 사우나를 가든, 이불을 뒤집어쓰고 잠을 자든, 누군가에게 전화를 하든, 자신의 스트레스 총량을 안전하게 다스려주어야 한다.

7. 다른 기회, 보상 효과

용식 씨는 우울한 뉴스가 나오면 TV를 켜는 것조차 무섭다. IMF 때 30세 나이로 구조조정을 당했다. 많은 고민에 밤잠을 설치고 우울증에 시달렸다. 가게를 하며 버텼는데, 다시 코로나가 와서 손님이 뚝 끊어지고 가게는 곤두박질쳤다. 밤새 술을 마시며 해결하려다 보니 위장까지 나빠졌다. 월세를 내기도 바쁘다. 월 120만 원의 월세를 10만 원만 깎아달라고 주인과 실랑이를 하다 순간 화가 폭발해 이사를 가기로 결정했다고 말했다. 가게 재정난, 자녀 학원비 지출에 몇 년 사이 빚만 늘어 막막하고 답답하다.

당신, 절대 잘못 산 게 아니다

용식 씨는 내게 "제가 잘못 살았나요?"라고 물었다.

절대 그렇지 않다. 하지만 경제적 난관이 계속되면 자책에 빠지기 쉽다. 우울증 때문에 무엇을 시도하는 것은 도저히 안된다며, 무기력증을 호소하는 분들이 있다. 생계 때문에 몸과 마음이 다 지쳐있는 경우가 많다.

IMF와 코로나 이후, 경제적 어려움을 호소하는 분들이 늘어났다. 그동안 열심히 산 것은 분명하다.

"돈 벌 때 벌어야지요…"

특히 가장들은 이 말을 많이 한다. 몸이 아파도 쉬지 않고 일하며 가족을 부양해왔다. 그러는 사이 나이만 먹고, 저축은커녕 빚만 늘었다는 말을 많이 한다.

집을 팔거나, 그나마 좁지만 보증금이라도 있어 싼 월세로 옮겨 보지만 빚이 줄어들지 않을 때 혼란스러워한다.

열심히 살았지만 변한 것은 거의 없다. 그렇다면 지금이라도 냉철하게 가정의 재정 상태를 체크할 필요가 있다. 포기 상태에서는 돈을 함부로 쓰게 되는 점도 있다. 부부 중 한 사람이라도 현실적 감각을 동원해야 한다. 자책과 비난 대신 '현실에 맞는 작은 소비 생활패턴, 아이 사교육비 재편성, 운동을 시작하여 병원비 줄이기'와 같은 아주 구체적인 실천이 필요하다.

"먹고 사느라 급급한데, 다른 생각할 여유가 어디 있어요?"

라고 의문을 품을 수도 있다.

막연하게 '언젠가는 풀리겠지…'라는 생각은 더욱 무기력하게 만든다. 현실에 직면하면, 내담자들은 보통 이렇게 말한다.

"아무것도 안한 건 아니지만…"

"제대로 해본 것은 없는 것 같아요."

자신의 나이와 시대 흐름을 고려하여 뭔가를 찾는 것은 필요하다. 꾸준히 SNS, 유튜브, 인터넷을 기반으로 한 직업군이 증가하고 있다. 앞으로 각자의 콘텐츠를 기반으로 한 직업의 진화가 계속 일어날 것이다. 코로나 이후 각자 우울한 상황에서 헤쳐나갈 방법을 강구하고 있다.

요즘 고등학생, 대학생뿐 아니라, 나이를 불문하고 미래를 고민하며 뭘 해야 하는지 진로 상담 요청이 늘고 있다. 상담에서 획기적인 어떤 답을 줄 수는 없지만, 무기력증을 다뤄주면서 작은 선택을 하도록 돕는다.

늦은 때는 없다. 10년 후를 생각하면 지금이 가장 빠른 때이다. 요즘 평생직장, 철밥통 같은 것은 없다. 구체적인 것이 떠오르지 않을 때는 몇 가지 취미 생활을 경험해 보는 것도 좋다. 그것이 직업으로 발전 가능한지 가늠해 보는 것이다. 현재 하는 일에서 유사 직종으로 확장해나가는 것도 방법이다.

진경 씨 역시 먹고사는데 바빠 대학원을 휴학했다가 심기일전하여 마지막 남은 한 학기를 마치고 새로 일을 시작했다. 이전에 하던 유치원 교사에서 조금 틀어, 새로운 전공 분야인 아동 놀이 치료사로 일을 하고 있다.

이것을 심리학 용어로는 '보상 효과'라 한다. 완전히 다른 분야의 일은 호기심은 자극할지 모르지만, 맨땅에서 시작하는 기분으로 해야 하므로 시간과 돈이 상대적으로 많이 든다. 유사 직종은 이전에 투입해놓은 것에 약간만 얹으면 몇 배의 수확을 가질 수 있다는 점이다.

시작은 아주 작은 것부터라는 점이다. 무기력해서 침대에 누워만 있다면, 자신을 돌보고 가꾸는 연습부터 시작해야 한다. 힘이 생겨야 뭐든 할 수 있다.

특별한 나만의 일을 다시 찾으려면

맥스 루케이도의 그림책 〈너는 특별하단다〉(아기장수의 날개 역,
고슴도치, 2002)에서 주인공 펀치넬로는 나무로 만든 사람이다.
'재주 많은 다른 사람들은 금빛 점표를 달고 있는데, 나는 왜 잿
빛 점표를 잔뜩 붙이고 있는 걸까?' 주인공 펀치넬로는 자신이
초라하기만 하다. 고민 끝에 자신을 만든 목수를 찾아간다.

"그 표는 네가 그것을 중요하게 생각할 때만 붙는 거야."

"너는 너이기 때문에 특별하단다. 특별함에는 어떤 자격도 필요 없으며, 너라는 이유만으로 충분하단다."

이 이야기를 받아들인 펀치넬로의 몸에서 잿빛 점표 하나가 땅으로 떨어지며 이 책은 끝이 난다.

'남들은 다 잘 사는 것 같은데, 왜 내 인생은 잿빛인가?'이런 생각에 붙잡혀 몇 년씩 가는 사람도 있다.

실존주의 철학자 니체는 〈짜라투스트라는 이렇게 말했다〉(사순옥 역, 홍신문화사, 2006)에서 인간을 세 가지, 즉 낙타, 사자, 어린아이로 비유했다. 남의 짐을 싣고 사막을 맹목적으로 걸어가는 낙타, 세상의 주인이 되려고 쟁취하는 사자, 천진무구의 어린아이가 있다. 니체는 성취만을 위해 달려가는 사자에서 어린아이로서 창의적인 자신을 찾으라고 말한다.

가난한데 행복할 수 있을까? 미니멀리즘을 실천하고 싶어도 '아무것도 없는데… 뭘 하라는 거냐?'며 하소연하는 청년들을 종종 만난다. 과거에는 '짧고 굵게!'가 통했다. 한 우물만 파는 시대가 있었지만 이제는 아니다.

날개는 누가 달아주는 게 아니다. 가슴을 뜨겁게 하는 일은 자신만이 정확히 알기 때문이다.

"확실하지 않은 미래를 위해 현재를 버리라구요?"라고 질문하는 사람들이 있다. 특히 한 집안의 가장에게는 무리한 요구가 된다.

하지만 막막한 때일수록 초심으로 돌아가 봐야 한다. 무기력해서 힘들다는 내담자에게 에너지가 생기면 무엇을 하고 싶냐는 질문을 했다.

"정말 하고 싶은 것은 무엇인가요?"

그러자 고개를 갸우뚱하며 선뜻 대답을 못했다.

밀레니얼 세대가 선호하는 소위 '워라벨(work life balance)'은 지친 삶을 사는 우리 모두에게 필요하다.

그동안 '일과 삶의 균형'을 실현할 수 있는 안정적인 직업군에 속하는 대기업, 공무원, 전문직이 대세였는데, 요즘 자영업이나 중소기업체에 눈을 돌리고 있다. 안정성 대신 자신의 방식대로 펼칠 무언가를 선택하겠다는 의지로 보인다. 100세 시대에 나는 무엇을 시도할 것인지 한번 생각해 보자.

[심리 TIP]

- 20대로 돌아간다면 '_____를 시도해 볼 것이다'

- 30대로 돌아간다면 '_____를 시도해 볼 것이다'

- 40대로 돌아간다면 '_____를 시도해 볼 것이다'

네 우울의 이름을 알려줄게

8. 어차피 늘어나는 거라면, 불평보다 감사!

은진 씨는 요즘 자기 입에서 불평이 많아졌다며 고민을 한다. 마흔 살을 살면서 이상하게 하루라도 그냥 지나가는 일이 없고, 뭔가 꼬이는 것 같다. 회사에서나 집에서나 힘들게 하는 사람만 있는 것 같다. 열심히 후배들을 챙겼지만, 다 지 잘났다 하고, 가족도 자기 생각만 하는 것 같고 이기적이라 맘에 안 든다. 이미 결혼은 포기한 지 오래고, 부모님 병치레에 돈 드는 게 걱정이고, 힘든 일이 자꾸 생겨서 마치 전쟁을 치르는 것 같다.

자기 충족적 예언, 암시 효과

뒤엉켜 있던 일들이 올바로 잡히면 참 좋겠지만 늘 그렇게 뜻대로만 되지는 않는다.

"왜 저럴까?"

"주변 사람들은 왜 나를 이렇게 힘들게 하지?"

이제는 '나 아니면 절대 안 돼'라는 생각을 버려야 한다. 남 신경 쓰느라 늘 자신이 차선이었다면 이제는 우선순위에 놓아도 된다. 내가 진심으로 챙겼다면 그들도 성장해서 누군가를 돕고 있을 것이다. 세상은 순환하게 되어 있기 때문이다. 이제는 자신에게로 관심을 돌려야 한다.

전투적으로 사는 사람들을 보면, 마치 살아남기 위해 애쓰는 생존게임을 보는 듯하다. 영화 〈헝거게임: 더 파이널〉(2015)은 헝거게임 시리즈의 최종판이다. 헝거게임의 규칙은 자신이 갖고 있는 무기로 최후의 1인이 남을 때까지 서로 죽고 죽이는 싸움이다.

〈헝거게임〉에서 아슬아슬한 위기를 지나며, 죽다 겨우 살아난 주인공 캣니스(제니퍼 로렌스)는 평범한 삶으로 돌아간다. 남들처럼 결혼을 하고 아기도 낳는다. 여전사의 결론이 식상하다고 생각할 지도 모르겠다.

트라우마가 남아 있지만 주인공 캣니스가 이겨나가는 비결이 마지막 장면에 숨겨져 있다. 따뜻하게 품고 있는 아기에게 속삭이듯 말을 한다. 정확한 대사는 기억이 나지 않지만 대충 이런 내용이다.

"엄마가 악몽을 꾸면서도 살아갈 힘이 뭔지 아니?"

"그것은 엄마가 그동안 만났던 사람들의 장점을 하나하나 기억하고 있기 때문이야."

매사를 부정적 시각으로 보는 것은 우울 증상 중 하나이다. 결국 지치는 것은 자기자신이다. '힘들다'는 말을 달고 사는 사람에게는 재수 없는 일만 생긴다. 뇌가 세뇌되어 자신도 모르게 그 방향으로 행동하게 되기 때문이다. 일종의 '암시효과'이다. 다른 말로는 '자기 충족적 예언'인데, 긍정적으로 사고하는 사람에게는 좋은 운이 따라온다.

성격 급한 편도체, 다스리는 전전두엽

마음의 갈등은 아주 사소한 것에서 시작되지만 감정의 균열은 걷잡을 수 없이 커진다.

특히 불안이나 분노 감정은 무의식적인 조건반사를 한다. 편도체와 같은 변연계는 감정 자체를 거르지 않고 즉각적으로 올라오게 하는 다소 충동적인 특성이 있다. 전전두엽은 '감정에 대한 감정'을 해석하는, 즉 알아차리고 조절하는 기능을 한다. 전전두엽 기능이 잘 작동하도록 최소한 2초라도 감정의 민낯을 드러내도 되는지 파악하는 시간이 필요하다.

지금은 평온하다 해도 수시로 변하는 게 감정이다. 완벽한 평온은 있을 수 없다. 불안은 예고 없이 들락날락한다.

"아휴, 잘 쉬고 있는데 왜 갑자기 불안이 올라오지?"
불안이 감지되면 대부분 기분이 나빠진다. 이때
"괜찮아, 할 일이 잔뜩 있는데 쉬고 있으니 불안할 수밖에."

'불안해도 괜찮다고 인정해 주자. 좋은 감정, 나쁜 감정이 따로 있는 게 아니다.'

영화 〈인사이드 아웃〉(2015)의 다섯 감정들이 다 함께 있어야 사람이 움직일 수 있듯이, 모든 감정들은 다 필요한 존재이다.

네 우울의 이름을 알려줄게

상황이 좋지 않아 감정이 울퉁불퉁해질 때 감사의 조건을 찾으면 좋다.

하루 세 끼 잘 챙겨 먹는 자신에게 고맙다고 해주고, 한 번씩 몰아서라도 잠을 청하는 자신을 칭찬해 주자. 자신에 대해서 후한 사람이 다른 사람에게도 후하다. 자신에게 먼저 감사하는 말을 건네다보면 감사할 게 많아진다. 그러면 불안으로 뒤죽박죽 혼란스럽던 감정도 차츰 제 자리를 찾게 될 것이다.

사람들은 상황이 안 좋고 불안이 겹치면 주변 사람이나 환경을 탓하게 된다. 불확실성을 견딜 수만 있다면 미래는 밝다. 긍정적인 면을 찾으면 불안은 뚝 떨어지는데, '감사 기법'은 부정적인 뇌를 긍정적인 뇌로 변화시킨다.

못 믿겠다면 딱 한 달만 감사노트를 적으며 감사를 선택해 보자. 그리고 나서 '과거의 나'와 '현재의 나'를 비교해 보자. 현격하게는 아니더라도 조금은 삶이 달라져 있을 것이다.

[심리 TIP]

떨쳐버리기 힘든 불안과 걱정이 두 배로 커질 때, 거기에 압도 당하지 않으려면 긍정적인 것에 확대경을 대자. 나빠 보이는 것 이 전화위복이 될지 누가 알겠는가.

| 마음을 품어주는 심리처방전 |

1. 감사노트

▶ 1단계 : 감사한 내용 적기

 - 하루의 감사 3가지를 단어나 문장으로 기록한다.

▶ 2단계 : 감사한 이유를 적는다.

 ex) 모처럼 충분히 잠을 잤다. → 몸이 회복돼서 감사하다.

2. 우울한 마음을 극복하는 '시 처방'

▶ 1단계: 시 낭송

▶ 2단계: 모방시 쓰기

 - 동일시(마음에 닿는 단어나 문장 선택)와 카타르시스(기분이나 감정이입) 발문법을 통해, 자신의 시로 재저작한다.

그렁그렁

권현형

깊은 숲속을 거닐 땐
맨발로 바람걸음으로 걸어야 합니다
혹시 가던 길을 멈추고 가만 엎드려

발밑 세상을 들여다보게 된다면
점보다 작은 꽃이
점보다 작은 꽃보다
더 작은 벌레를 거느리고 살아가는

좁고 작은 잎사귀 속
볕을 받을 때마다
파랗게 빛나는 어린 곤충이
눈물방울처럼 그렁그렁 매달려
남의 집살이 하는

애처로운 숲 속의 작은 집들을
만나게 될 테니까요

거친 발에 밟혀 찌그러진 집
마른 잎사귀 속에도
작은 무당벌레가
잠시 들러 밀애를 나눌지도 모르는 일

깊은 숲속에선 발밑이 온통 집입니다

출처: 권현형, 밥이나 먹자, 꽃아, 천년의시작, 2006.

3. 우울한 마음을 극복하는 '에픽테토스'의 명언

▶ '내가 가진 것은 무엇인가? 올바른 생각을 하고 이를 실천할 수 있는 능력이다. 자연의 순리에 합당한 생각을 하고 이를 행동으로 옮길 때는 얼마든지 우쭐해도 된다. 자신의 권한에 속하는 선한 것에 대해 우쭐해하고 있는 것이기 때문이다.'

(강현규 편, 에픽테토스의 인생을 바라보는 지혜, 메이트북스, 2019.)

_____

_____

_____

_____

▶ 이 명언이 자신에게 주는 의미는 무엇일까요?

_____

_____

_____

_____

네 우울의 이름을 알려줄게

네 우울의 이름을 알려줄게

초판 1쇄 2022년 08월 10일
초판 2쇄 2022년 09월 08일
저　　　자 곽소현
발 행 인 권호순
발 행 처 시간의물레
등　　　록 2004년 6월 5일
주　　　소 경기도 파주시 숲속노을로 150, 708동 701호
전　　　화 031-945-3867
팩　　　스 031-945-3868
전자우편 timeofr@naver.com
블 로 그 http://blog.naver.com/mulretime
홈페이지 http://www.mulretime.com
I S B N 978-89-6511-395-9 (03180)
정　　　가 20,000원